Moojan Momen

Buddhismus und Bahá'í-Religion

Moojan Momen

Buddhismus

und

Bahá'í-Religion

Eine Einführung in die Bahá'í-Religion
für Theravada-Buddhisten

BAHÁ'Í VERLAG

Bibliografische Information der Deutschen Nationalbibliothek

Die Deutsche Nationalbibliothek verzeichnet diese Publikation
in der Deutschen Nationalbibliografie; detaillierte bibliografische
Daten sind im Internet über http://dnb.d-nb.de abrufbar.

Nach der englischen Vorlage
„Buddhism and the Bahá'í Faith",
erschienen 1995 im Verlag George Ronald, Oxford
Copyright Moojan Momen 1995

Ins Deutsche übertragen von Peter Scheffel
Umschlaggestaltung: Josephine Rank

Quellenangabe für das Zitat auf dem Umschlag:
Samyutta-Nikaya, III:22, Lehrrede 58,
in der Übersetzung von Nyanaponika, S. 100

© Bahá'í Verlag GmbH
65719 Hofheim, 2. Auflage 2016
ISBN 978-3-87037-491-4
Titelnummer MO4-001-02-S-DE

Inhaltsverzeichnis

VORWORT ZUR DEUTSCHEN AUSGABE   7

EINLEITUNG   9

GLOSSAR   14

1. KAPITEL   17
Der Pfad des *Dhamma*:
Ethische und moralische Lehren

2. KAPITEL   51
Die Struktur der Existenz:
Metaphysische Lehren

3. KAPITEL   96
Die Prophezeiungen des Buddha

4. KAPITEL   105
Das Leben Bahá'u'lláhs

5. KAPITEL   115
Der *Sangha*: Die sozialen Lehren

6. KAPITEL   145
Der *Vinaya*: Gesetze, Rituale und Feste

EPILOG   158

ANHANG: 160
Auszug aus einem Internet-Dialog 1995–1997

LITERATURVERZEICHNIS   162

Vorwort zur deutschen Ausgabe

Man kann die Frage stellen, ob die Übersetzung dieses Buches ins Deutsche überhaupt notwendig gewesen ist. Nach den Worten des Verfassers soll es eine Einführung in die Bahá'í-Religion für Theravada-Buddhisten sein. Diese Zielgruppe dürfte im deutschen Sprachraum sehr begrenzt sein.

Das Werk von Moojan Momen ist jedoch über diesen von ihm angegebenen Zweck hinaus von erheblicher Bedeutung. Es ist die erste Monographie in einer westlichen Sprache, in der von einem Religionswissenschaftler die Lehren und Konzepte des ursprünglichen Buddhismus und der Bahá'í-Religion anhand ihrer Schriften verglichen werden. Dabei werden der Buddha und Bahá'u'lláh als auf gleicher Stufe stehende Lehrer der Menschheit, Vollkommen Erwachte und Manifestationen Gottes gesehen.

Die Anwendung der Bahá'í-Methodologie und der hermeneutischen Prinzipien der Bahá'í-Religion führt vielfach zu ungewohnten und überraschenden Schlussfolgerungen, die sicher nicht immer Zustimmung finden werden. Diese Vorgehensweise vermag jedoch sowohl für Buddhisten als auch für Bahá'í zu einem tieferen Verständnis der eigenen Glaubensgrundlagen beizutragen sowie Unkenntnis, Ängste und Vorurteile gegenüber der jeweils anderen Religion abzubauen.

Das Literaturverzeichnis der deutschen Übersetzung unterscheidet sich erheblich von dem des englischen Originals. Dies rührt daher, dass – bis auf wenige Ausnahmen – bei den von Moojan Momen zitierten buddhistischen Schriften unmittelbare Übersetzungen aus dem Pali ins

Deutsche benutzt worden sind. Die Bahá'í-Zitate sind den im deutschen Bahá'í-Verlag erschienenen Bahá'í-Schriften entnommen. Lediglich einige wenige Bahá'í-Texte mussten neu aus dem Englischen übersetzt werden.

In einem Anhang wird ein kurzer Beitrag aus einem Internet-Dialog von Buddhisten und Bahá'í über das Buch von Moojan Momen wiedergegeben, in dem der Verfasser auf einige Einwände von buddhistischer Seite eingeht und das Anliegen seines Buches verdeutlicht.

Peter Scheffel

Einleitung

Dieses Buch ist gedacht als Einführung in die Bahá'í-Religion für Menschen, deren Glaubensgrundlage der Theravada-Buddhismus ist. Die Bahá'í-Religion ist die jüngste der Weltreligionen. Sie wurde vor rund einhundertsiebzig Jahren von Bahá'u'lláh gestiftet. Die Menschen, die den Lehren Bahá'u'lláhs folgen, heißen Bahá'í. Die Bahá'í glauben, dass es im Laufe der Jahrtausende von Zeit zu Zeit und in verschiedenen Teilen der Welt eine kleine Zahl von Vollkommen Erwachten gegeben hat. Ihre Aufgabe war es, die Menschheit in geistiger und sozialer Hinsicht zu führen. Die Bahá'í glauben, dass Bahá'u'lláh der zuletzt Erschienene dieser Lehrer ist.

Obgleich die Bahá'í-Religion gerade erst 170 Jahre alt ist, hat sie sich in diesem kurzen Zeitraum über den gesamten Planeten verbreitet. Inzwischen gibt es Bahá'í jeder kulturellen und religiösen Herkunft. In jedem Land bestehen Bahá'í-Gemeinden, die sich für die Ziele der Einheit der Menschheit und des Weltfriedens einsetzen. Bahá'u'lláh hat die Lehren gebracht, welche es der Menschheit ermöglichen, diese Ziele zu erreichen.

Die Bahá'í-Religion beabsichtigt nicht, die Grundlagen einer anderen Religion in Zweifel zu ziehen. Die Bahá'í-Schriften anerkennen die Stellung des Erhabenen Buddha, und somit muss jeder, der Bahá'í wird, auch an den Buddha glauben. Die Bahá'í-Religion versucht auch nicht, eine bestimmte Kultur in der Welt durchzusetzen. Die Einheit, die sie anstrebt, ist eine Einheit in Vielfalt. Sie lehrt, dass jetzt für die Menschheit die Zeit gekommen ist, alle Ursachen von Konflikten und Streitigkeiten, mögen sie auf

Nation, Religion, Rasse, sozialer Schicht oder Kaste beruhen, beiseite zu tun und in Einheit zusammenzukommen.

Dieses Buch möchte versuchen, die Bahá'í-Religion so darzustellen, dass ihre Lehren für diejenigen deutlich werden, deren Glaubensgrundlage der Theravada-Buddhismus ist. Der Theravada-Buddhismus dürfte die älteste und größte existierende Gruppierung im Buddhismus darstellen. Überdies besteht unter den Anhängern des Theravada, obgleich sie in einem langgestreckten Gebiet von Sri Lanka bis Burma [heute Myanmar], Thailand und nach Südostasien hinein leben, eine generelle Übereinstimmung hinsichtlich des Kanons von Schriften, denen sie folgen. Dies sind die Gründe, die zu der Entscheidung geführt haben, sich in diesem kurzen Einführungswerk auf den Theravada-Buddhismus zu konzentrieren. Zwar gibt es gleichfalls eine große Anzahl von Mahayana-Buddhisten, doch haben deren verschiedene Richtungen weder eine gemeinsame Sammlung von Schriften noch gemeinsame Lehren. Wenn dieses Buch versuchen wollte, alle diese Richtungen anzusprechen, so müsste es weit umfangreicher sein als diese kurze Einführung. Natürlich wird es notwendig sein, weitere ähnliche Bücher zu schreiben, die sich an die anderen buddhistischen Richtungen wenden.

Das erste Kapitel des vorliegenden Buches möchte zeigen, dass die ethischen und moralischen Lehren der Bahá'í-Religion und des Buddhismus sehr ähnlich sind. Dies bestätigt den Ausspruch des Erhabenen Buddha, dass der Pfad des *Dhamma* ewig ist.

Das zweite Kapitel beschäftigt sich mit den Fragenkomplexen, welche die meisten Schwierigkeiten bereiten, wenn versucht wird, verschiedene religiöse Traditionen miteinander in Einklang zu bringen. Es ist dies das Gebiet der Metaphysik und beinhaltet Fragen wie die nach dem Wesen der Absoluten Wirklichkeit, der Existenz eines Selbstes und einer Seele sowie danach, was nach dem Tode geschieht.

Kapitel drei befasst sich mit einigen Prophezeiungen des buddhistischen Schrifttums. Die Bahá'í glauben, dass Bahá'u'lláh die Prophezeiungen in den buddhistischen Schriften erfüllt, wonach ein weiterer Buddha auf der Erde erscheinen wird, der *Metteyya* Buddha.

Das vierte Kapitel enthält eine kurze Darstellung des Lebens von Bahá'u'lláh sowie der heutigen Bahá'í-Weltgemeinde.

Wenn nun – wie im ersten Kapitel erklärt wird – der Pfad des *Dhamma* ewig ist, warum ist es dann notwendig, dass ein weiterer Erwachter erscheint und eine neue Botschaft bringt? Warum folgen die Bahá'í nicht einfach dem Weg des Buddha? Das fünfte Kapitel beantwortet diese Frage. Es zeigt auf, dass der Pfad des *Dhamma* zwar ewig ist, dass sich jedoch die Praxis der Umsetzung seiner Forderungen in der menschlichen Gesellschaft verändert und entwikkelt. So gab der Buddha bestimmte Anweisungen für die Organisation des *Sangha*.

Diese Anweisungen waren angebracht für die Zeit, in der sie aufgestellt wurden. Sie sind jedoch nicht mehr geeignet, den Erfordernissen der Zeit zu genügen, in der wir leben. Hieraus ergibt sich die Notwendigkeit einer neuen Form der Organisation des *Sangha*: von neuen sozialen Lehren, welche die Menschheit zu Einheit und Weltfrieden führen.

Kapitel sechs enthält Einzelheiten der neuen Gesetze, die Bahá'u'lláh für den von ihm eingesetzten neuen weltweiten *Sangha* gebracht hat.

Eine der zentralen Lehren sowohl Bahá'u'lláhs als auch des Erhabenen Buddha besagt, dass die Menschen die Wirklichkeit selbständig erforschen müssen: Sie müssen die Dinge untersuchen und die Wahrheit herausfinden. Aus diesem Grund sind die Bahá'í-Lehren und die Bahá'í-Schriften in nahezu alle bekannten Sprachen übersetzt worden. Dies ermöglicht es jedem Menschen, diese neue Lehre für sich selbst zu untersuchen, ohne sich auf die Auslegungen und Erklärungen anderer stützen zu müssen. Entsprechend sind im ersten Kapitel die buddhistischen und die Bahá'í-Schriften übersetzt und nebeneinander gestellt worden, so dass jede und jeder Einzelne für sich selbst zu entscheiden vermag, ob die Feststellung zutrifft, dass zwischen dem *Dhamma*, der von Bahá'u'lláh gelehrt wird, und dem *Dhamma* des Erhabenen Buddha kein Widerspruch besteht.

Viele buddhistische Begriffe werden in diesem Buch in zwei Sprachen wiedergegeben: in Pali und anschließend in Sanskrit. Dies geschieht deshalb, weil die Schriften des Theravada-Buddhismus zwar in Pali aufgezeichnet sind, viele der darin enthaltenen Begriffe und Konzepte in Europa jedoch in Sanskrit bekannter sind. Ein Verzeichnis verschiedener Begriffe ist im Anschluss an diese Einleitung zu finden.

Dank gebührt einer Reihe von Menschen, die bei diesem Buch geholfen haben. Zu allererst ist dies Katherine Chauhan (früher Villiers-Stuart), deren Manuskript „Die Bahá'í-Botschaft – von Bedeutung für Buddhisten?" einer der Ausgangspunkte der vorliegenden Arbeit war. Andere, die durch Hinweise geholfen haben, während das Buch Gestalt annahm, sind Robert Parry, Dr. Peter Smith von der Mahidol Universität in Bangkok und M. L. C. Chandrasekera.

Glossar

In diesem Verzeichnis wird ein Begriff zuerst in Pali genannt und anschließend gegebenenfalls in Sanskrit.

Anatta, Anatman. Die buddhistische Lehre, dass die Idee eines Selbstes oder einer individuellen Seele eine irrige Vorstellung ist, die Anhaftung an die Welt verursacht und ein Hindernis für die Verwirklichung von *nibbana* darstellt.

Anicca, Anitya. Das Nicht-Dauernde oder die Vergänglichkeit der Welt und von allem, was in ihr ist; alles ist dem Wandel unterworfen.

Arahat, Arhat. Jemand, der auf dem Pfad des *Dhamma* bis zu dem Punkt vorangeschritten ist, wo er keine Wiedergeburten mehr erleben und *nibbana* erreichen wird.

Aryan. (Pali: Ariya) heißt wörtlich edel, fromm, gut. Im buddhistischen Sprachgebrauch wird der Begriff des ethnischen Charakters entkleidet und auf den Anhänger des Buddha und den Buddha-Weg (arya-marga oder ariya-magga) angewendet.

Avyakata, Avyakrta. Verborgen, nicht bestimmbar, nicht ausdrückbar (jene Fragen, die nach Aussage des Buddha nicht beantwortet werden können).

Bhikku, Bhikshu. Mönch, Bettler.

Brahmin. Ein Angehöriger der Priesterkaste der Hindus.

Dhamma, Dharma. Das kosmische Gesetz, das unserer Welt zugrunde liegt, und – im engeren Sinne – die Lehre des Buddha über dieses Gesetz.

Dukkha, Duhkha. Das Leiden, das ein untrennbarer Bestandteil dieser Welt ist.

Kamma, Karma. Das universale Gesetz von Ursache und Wirkung.

Khanda, Skandha (wörtlich: Anhäufungen). Die Elemente, die sich verbinden, um ein Wesen zu bilden [die fünf Aneignungsgruppen]

Maya. Die Illusion der Wirklichkeit, welche diese Welt vermittelt.

Nibbana, Nirvana (wörtlich: Auslöschung). Das letzte Ziel der buddhistischen spirituellen Praxis – ein unbedingter Zustand frei von Leiden und Täuschung.

Saddha. Glaube oder Überzeugung. [in deutschen buddhistischen Texten oft mit Vertrauen übersetzt]

Samsara. Die Welt der Erscheinungen, die weltliche Existenz, die Zyklen der Existenz.

Sangha. Der buddhistische Orden oder die Gemeinschaft der Mönche.

Tathagata (wörtlich: der So-gegangene Eine). Ein Titel des Buddha, der jemanden bezeichnet, der die vollkommene Erleuchtung erreicht hat.

Vinaya. Die Gesetze und Regeln, die für buddhistische Mönche gelten.

1. Kapitel

Der Pfad des *Dhamma*:
Ethische und moralische Lehren

Der Erhabene Buddha und Bahá'u'lláh sehen beide, dass die Menschheit leidet. Ihr Wunsch ist es, die Menschen aus ihrem Leiden herauszuführen. Dies sehen sie als den wichtigsten Teil ihrer Lehren an – alles andere ist auf diesen Punkt ausgerichtet.

Der Buddha sagt, dass das Haus des Selbstes brennt und durch Hass, Gier und Illusion in Flammen steht. Die Menschheit, sagt er, ist wie ein Mensch, der unter einem vergifteten Pfeil in seinem Fuß leidet. Er muss sich dringend darum kümmern, dass der Pfeil entfernt wird, weil dieser ihn sonst töten wird. Der Buddha ist der Arzt, der den Pfeil herauszuziehen vermag.[1]

Bahá'u'lláh bringt einen ähnlichen Vergleich in Bezug auf die Menschen. Er sagt: „So wild ist dieses Feuer des Selbstes, das in ihnen brennt, dass sie jeden Augenblick, so scheint es, von neuen Qualen befallen werden."[2] Er stellt fest, dass die Menschheit krank ist und leidet:

„… das ganze Menschengeschlecht (ist) von großen, unberechenbaren Drangsalen umgeben.
Wir sehen es auf seinem Krankenlager dahinsiechen, schwer geprüft und enttäuscht." Aber er, der Heiler, der

---

1   siehe Majjhima-Nikaya, Sutta 63 (5), in der Übersetzung von Zumwinkel, Band II, S. 131 f.
2   Bahá'u'lláh, Das Buch der Gewissheit 84

göttliche Arzt „erkennt die Krankheit und verschreibt in Seiner unfehlbaren Weisheit die Arznei."[3]

Der Erhabene Buddha beschreibt in seiner ersten Lehrrede nach seiner Erleuchtung das Problem und dessen Behandlung. Es sind dies die Vier Edlen Wahrheiten.

Die Erste Edle Wahrheit ist, dass jeder Teil unseres Lebens (Geburt, Alter, Krankheit, Tod) dem Wandel unterliegt, was zu Leiden und Kummer führt:

> *Was ist aber, ihr Mönche, die heilige Wahrheit vom Leiden? Geburt ist Leiden, Alter ist Leiden, Krankheit ist Leiden, Sterben ist Leiden, Kummer, Jammer, Schmerz, Gram und Verzweiflung sind Leiden, mit Unliebem verbunden sein ist Leiden, von Liebem getrennt sein ist Leiden, was man begehrt nicht erlangen, das ist Leiden, kurz gesagt: die fünf Stücke des Anhangens sind Leiden.*[4]

In gleicher Weise heißt es in den Bahá'í-Schriften:

> *Das ist die sterbliche Wohnstatt: ein Vorratslager voll Kummer und Leid. Was den Menschen daran bindet, ist Unwissenheit; denn keine Seele vom Monarchen bis hinunter zum einfachsten Untertanen kann in dieser Welt*

---

3 Bahá'u'lláh, Ährenlese 106:1-2
4 Digha-Nikaya, 2:357, Sutta 22, in der Übersetzung von Neumann, S. 390 f.
   Mylius, S. 140, übersetzt: „Und was, o Mönche, ist die edle Wahrheit vom Leiden? Geburt ist Leiden, Alter ist Leiden, Krankheit ist Leiden, Sterben ist Leiden, Kummer, Wehklage, Schmerz, Unmut und Unrast sind Leiden; was man wünscht, nicht zu erlangen, ist Leiden; kurz gesagt, die fünf Arten des Festhaltens am Sein sind Leiden."

Genüge finden. So dieses Leben dem Menschen einmal einen süßen Becher reicht, werden sicher hundert bittere folgen. Das ist der Zustand dieser Welt.[5]

Unsere wenigen kurzen Tage gehen dahin, unser Leben schwindet vor unseren Augen. Die Rosen dieser Welt bleiben nicht frisch und schön; der Garten dieser Erde, wo Siegesfreude und Vergnügen blühen, verdorrt und verwelkt. Des Lebens Frühling wird zum Herbst des Todes, der hehren Hallen Jubelpracht weicht der mondlosen Finsternis des Grabs. Deshalb verdient nichts von alledem unsere Liebe, und der Weise hängt sein Herz nicht daran.[6]

Die Zweite Edle Wahrheit, die der Erhabene Buddha lehrt, besagt, dass die Ursache dieses Leidens unsere Bindung an die Welt ist:

Was ist aber, ihr Mönche, die heilige Wahrheit von der Leidensentwicklung? Es ist dieser Durst, der Wiederdasein säende, vergnügensgierverbundene, bald da bald dort sich ergötzende, ist der Geschlechtsdurst, der Daseinsdurst, der Wohlseinsdurst.[7]

---

5   'Abdu'l-Bahá, Briefe und Botschaften 170:1
6   'Abdu'l-Bahá, Briefe und Botschaften 188:13
7   Digha-Nikaya, 2:360, Sutta 22, in der Übersetzung von Neumann, S. 392
     Mylius, S. 142, übersetzt: „Und was, o Mönche, ist die edle Wahrheit von der Leidensentstehung? Es ist dieser „Durst", der zur Wiedergeburt führt, verbunden mit Vergnügen und Lust, an dem und jenem sich befriedigend, nämlich der Liebestrieb, der Selbsterhaltungstrieb, die Sucht nach Reichtum."

Bahá'u'lláh sieht die Welt in vergleichbarer Weise. Die Bahá'í-Schriften benennen unsere Bindung an die Dinge dieser Welt als die Ursache unserer Leiden.

> *Leiden wir, so ist es das Ergebnis stofflicher Dinge, und alle Heimsuchungen und Störungen kommen aus dieser Welt der Täuschung. So mag zum Beispiel ein Kaufmann sein Geschäft verlieren und Niedergeschlagenheit daraus folgen. Ein Arbeiter wird entlassen und sieht dem Hunger entgegen. Ein Bauer hat eine schlechte Ernte, und sein Gemüt wird angstvoll. Ein Mann baut sich ein Haus, das völlig niederbrennt, er ist ganz plötzlich obdachlos, zugrundegerichtet und verzweifelt. Alle diese Beispiele sollen euch zeigen, dass die Prüfungen, die jeden unserer Schritte umlagern, alle unsere Sorgen, Leiden, Schmach und Kummer aus der Welt des Stoffes kommen, ...* [8]

Bahá'u'lláh vergleicht die Menschheit mit einem Vogel, der von der Erde angezogen wird.

> *... könntet ihr begreifen, mit welchen Wundern Meiner Großmut und Freigebigkeit Ich eure Seelen betrauen will, ihr würdet euch in Wahrheit von der Bindung an alles Erschaffene lösen und wahre Erkenntnis eurer selbst gewinnen ... Lasst nicht zu, dass eure nichtigen Einbildungen, eure bösen Leidenschaften, eure Unaufrichtigkeit und Herzensblindheit den Glanz einer so erhabenen Stufe trüben oder ihre Heiligkeit beflecken. Ihr gleicht dem Vogel, der sich ... in die Unendlichkeit der Himmel aufschwingt, bis er unter dem Drang, seinen Hunger zu stillen, gierig zum Wasser und Staub der*

---

8   'Abdu'l-Bahá, Ansprachen in Paris, Nr. 35, S. 85

Erde unter ihm zurückkehrt und, in den Schlingen sei-
nes Verlangens verstrickt, sich außerstande sieht, seinen
Flug zu den Reichen, aus denen er kam, wieder aufzu-
nehmen. Machtlos, die Bürde abzuschütteln, die auf sei-
nen beschmutzten Schwingen lastet, ist dieser Vogel, der
bisher ein Himmelsbewohner war, nun gezwungen, eine
Wohnstatt im Staube zu suchen. Darum … verunreinigt
eure Schwingen nicht mit dem Lehm der Widerspenstig-
keit und der eitlen Begier. Lasst nicht zu, dass der Staub
des Neides und Hasses sie beflecke, damit ihr nicht ge-
hindert werdet, euch in die Himmel Meiner göttlichen
Erkenntnis aufzuschwingen.[9]

Die Dritte Edle Wahrheit befasst sich mit der Aufhebung
des Leidens. Es ist das Bezwingen der unwissenden Gier,
das Ablassen von Begehren und Bindung, das Aufgeben
der Suche nach Vergnügen und der Gier nach Leben oder
nach dem Ende des Lebens:[10]

Wer diese nied're Lust bezwingt,
So schwer besiegbar in der Welt,
Von dem fällt alle Sorge ab
Wie Wassertropf' vom Lotusblatt.[11]

---

9 Bahá'u'lláh, Ährenlese 153:6
10 Digha-Nikaya, 2:362, Sutta 22, in der Übersetzung von Neumann, S. 394: „Was ist aber, ihr Mönche, die heilige Wahrheit von
   der Leidensauflösung? Es ist ebendieses Durstes vollkommen
   restlose Auflösung, ihn abstoßen, austreiben, fällen, vertilgen."
   Mylius, S. 145, übersetzt: „Und was, o Mönche, ist die edle Wahrheit
   von der Aufhebung des Leidens? Es ist ebendieses Durstes Aufhebung durch (seine) restlose Vernichtung; (es ist) das Aufgeben (des
   Durstes), der Verzicht (auf ihn), die Loslösung (von ihm, seine) Beseitigung."
11 Dhammapada (2) 336

Bahá'u'lláh ruft die Menschen ebenso auf, sich von den Dingen dieser Welt zu lösen.

> *Freut euch nicht dessen, was ihr besitzt. Heute nacht ist es noch euer, morgen werden andere es besitzen.*[12]

> *O Mein Diener!*
> *Befreie dich aus den Banden dieser Welt*
> *und löse deine Seele*
> *aus dem Gefängnis des Selbstes.*
> *Ergreife die Gelegenheit,*
> *denn niemals kehrt sie wieder.*[13]

> *Macht euch frei von jeder Bindung an diese Welt und ihre Eitelkeiten. Hütet euch, ihnen zu nahen, denn sie verleiten euch dazu, euren Gelüsten und eurer Habsucht zu folgen, und hindern euch daran, den geraden, herrlichen Pfad zu betreten.*[14]

Der Pfad (*Dhamma*), auf den in diesem letzten Zitat Bezug genommen wird, wird auch von dem Buddha erwähnt, und zwar als die Vierte Edle Wahrheit. Der Buddha nennt diesen Pfad den Mittleren Weg, den Weg der Mäßigung, der die Extreme vermeidet. Mit „Mäßigung" bezieht sich der Erhabene Buddha vor allem auf die Vermeidung der Extreme von übertriebener Askese und übermäßigem Sinnengenuss. Bahá'u'lláh preist ebenfalls den Pfad der Mäßigung und wendet ihn auf alle Dinge an.

> *... auf dem neunten Blatt des Höchsten Paradieses (ist) verzeichnet: In allen Dingen ist Mäßigung*

---

12   Bahá'u'lláh, Kitab-i-Aqdas 40
13   Bahá'u'lláh, Verborgene Worte, persisch 40
14   Bahá'u'lláh, Ährenlese 128:3

wünschenswert. Wird etwas übertrieben, so erweist es
sich als Quell des Unheils.[15]

Wir Menschen verbringen nur eine kurze Zeit auf der Erde. Alle Buddhas haben uns aufgefordert, diese Zeit nicht falsch zu verwenden, sondern den Pfad zu suchen und zu beschreiten. Gautama Buddha sagt:

Was soll das Lachen, was die Lust,
Wo alles ständig brennt und flammt?
In Finsternis seid ihr gehüllt!
Warum sucht ihr nicht nach dem Licht?[16]

Du gleichest einem welken Blatte,
Die Todesboten warten schon auf dich;
Und du stehst an des Abschieds Schwelle,
Wegzehrung aber hast du nicht bei dir.[17]

Bahá'u'lláh beschreibt dieselbe Situation und sagt:

Zeitalter sind vergangen,
euer kostbares Leben naht sich dem Ende,
doch kein reiner Hauch gelangte von euch
zu Unserem Hof der Heiligkeit.[18]

Ich wünsche Gemeinschaft mit dir,
du aber hast kein Vertrauen zu Mir.
Mit dem Schwerte deiner Empörung
hast du den Baum deiner Hoffnung gefällt.
Allezeit bin Ich dir nahe,

---

15   Bahá'u'lláh, Botschaften aus 'Akká 6:31
16   Dhammapada (2) 146
17   Dhammapada (2) 235
18   Bahá'u'lláh, Die Verborgenen Worte, persisch 20

doch du bist Mir immer fern.
Unvergängliche Herrlichkeit habe Ich dir zugedacht,
doch maßlose Schmach hast du dir gewählt.
Kehre um, da noch Zeit ist,
und nutze die Stunde![19]

Dieser Pfad, dem wir als Menschen folgen müssen, wenn
wir dem Leiden dieser Welt entkommen wollen, wird von
dem Buddha der Edle Achtfache Pfad genannt. Nach der
von dem Buddha gegebenen Beschreibung setzt er sich
wie folgt zusammen:

1. Rechte Erkenntnis *(samma-ditthi)*
2. Rechter Entschluss *(samma-sankappa)*
3. Rechte Rede *(samma-vaca)*
4. Rechtes Handeln *(samma-kammanta)*
5. Rechte Lebensführung *(samma-ajiva)*
6. Rechte Anstrengung *(samma-vayama)*
7. Rechte Achtsamkeit *(samma-sati)*
8. Rechtes Sich-Versenken *(samma-samadhi)*

Hierin werden die grundlegenden ethischen und moralischen Lehren des Buddha zusammengefasst. Bahá'u'lláhs
Lehren bestätigen alle acht Elemente dieses Pfades. Um
dies aufzuzeigen, werden wir die buddhistischen Schriften und die Bahá'í-Schriften nebeneinander stellen und
vergleichen. In dem folgenden Abschnitt stammen alle
buddhistischen Zitate aus den weithin bekannten buddhistischen Schriften des *Tripitaka*. Die Bahá'í-Zitate sind den
Bahá'í-Schriften entnommen.

---

19   Bahá'u'lláh, Die Verborgenen Worte, persisch 21

Der Edle Achtfache Pfad

1. Rechte Erkenntnis

Buddhistische Schriften

Was ist nun, ihr Mönche, rechte Erkenntnis? Das Leiden kennen, ihr Mönche, die Entwicklung des Leidens kennen, die Auflösung des Leidens kennen, den zur Auflösung des Leidens führenden Pfad kennen: das nennt man, ihr Mönche, rechte Erkenntnis.[20]

Bahá'í-Schriften

Das Wesen all dessen, was Wir für dich offenbaren, ist die Gerechtigkeit. Sie bedeutet für den Menschen, dass er sich von eitlem Wahn und Nachahmung frei mache, mit dem Auge der Einheit das herrliche Werk Seiner Hände schaue und mit forschendem Blick in alles eindringe.[21]

Wer vom Lichte der Einsicht erleuchtet ist, wird sich sicherlich von der Welt und ihren Nichtigkeiten loslösen. … Lasse dich durch die Welt und ihre Gemeinheit nicht betrüben.[22]

---

20 Digha-Nikaya, 2:364, Sutta 22, in der Übersetzung von Neumann, S. 395.
Mylius, S. 145 f., übersetzt: „Und was, o Mönche, ist rechte Einsicht? Nun, o Mönche, das Wissen vom Leiden, das Wissen von der Entstehung des Leidens, das Wissen von der Aufhebung des Leidens, das Wissen von dem zur Aufhebung des Leidens führenden Pfad – das nennt man, o Mönche, rechte Einsicht."
21 Bahá'u'lláh, Botschaften aus 'Akká 10:23
22 Bahá'u'lláh, in: Göttliche Lebenskunst, 9. Kap., S. 87

2. Rechter Entschluss

Buddhistische Schriften

Was ist nun, ihr Mönche, rechte Gesinnung? Entsagung sinnen, keinen Groll hegen, keine Wut hegen: das nennt man, ihr Mönche, rechte Gesinnung.[23]

Bahá'í-Schriften

Allumfassende Wohltaten strömen aus der Gnadenfülle der göttlichen Religionen, denn sie führen die wahren Gläubigen zu aufrichtigen Absichten, edlen Zielen, Reinheit und makelloser Ehrbarkeit, umfassender Herzensgüte, Mitempfinden, Vertragstreue, Rücksichtnahme auf die Rechte anderer, Großzügigkeit, Gerechtigkeit in allen Lebenslagen, Menschlichkeit und Nächstenliebe, Tapferkeit und unermüdlichem Eifer im Dienst an der Menschheit.[24]

---

23 Digha-Nikaya, 2:364, Sutta 22, in der Übersetzung von Neumann, S. 395.
    Mylius, S. 146, übersetzt: „Und was, o Mönche, ist rechter Entschluss? Der Entschluss zur Entsagung, der Entschluss zur Enthaltung von Bosheit, der Entschluss des Nichtschädigens – das nennt man, o Mönche, rechten Entschluss."

24 'Abdu'l-Bahá, Das Geheimnis Göttlicher Kultur, S. 89

3. Rechte Rede

Buddhistische Schriften

Was ist nun, ihr Mönche, rechte Rede? Lüge vermeiden, Verleumdung vermeiden, barsche Worte vermeiden, Geschwätz vermeiden: das nennt man, ihr Mönche, rechte Rede.[25]

Alle Gaben übertrifft die Wahrheitsgabe,
Die Genüsse alle der Genuss der Wahrheit,
Alle Wonne überwältigt Wahrheitswonne,
Gierversiegung überwältigt alles Leid.[26]

Sprich niemals harte Worte,
Denn sie fallen auf dich zurück.
Verletzende Worte bringen dir Leid,
Denn ein Verletzter schlägt zurück.[27]

Wenn deine Worte Lügen sind
Und du die Lehre nicht beachtest,
So verlierst du die nächste Welt,
Und wo wird dein böses Handeln enden?[28]

---

25 Digha-Nikaya, 2:364, Sutta 22, in der Übersetzung von Neumann, S. 395.
    Mylius, S. 146, übersetzt: „Und was, o Mönche, ist rechte Rede? Der Lüge sich enthalten, der Verleumdung sich enthalten, der Grobheit sich enthalten, des Plapperns sich enthalten – das nennt man, o Mönche, rechte Rede."
26 Dhammapada (2) 354
27 Dhammapada (1) 133
28 Dhammapada (1) 176

… ein wahrer Sucher … soll in Geduld und Ergebung harren, Schweigen üben und sich eitler Rede enthalten. Denn die Zunge ist ein schwelend Feuer, und zu viel Rede ein tödlich Gift. Natürliches Feuer verbrennt den Körper, das Feuer der Zunge aber verzehrt Herz und Seele. Die Kraft des einen währt nur eine Weile, aber die Wirkung des anderen dauert ein Jahrhundert lang. Auch soll der Sucher üble Nachrede als schweres Vergehen betrachten und sich von ihrem Einfluss fernhalten, denn sie verlöscht das Licht des Herzens und erstickt das Leben der Seele.[29]

Wahrhaftigkeit ist die Grundlage aller (menschlichen) Tugenden.[30]

---

29 Bahá'u'lláh, Das Buch der Gewissheit 213 f.
30 'Abdu'l-Bahá, in: Bahá'í World Faith, S. 384

4. Rechtes Handeln

Buddhistische Schriften

Was ist nun, ihr Mönche, rechtes Handeln? Lebendiges umzubringen vermeiden, Nichtgegebenes zu nehmen vermeiden, Ausschweifung zu begehn vermeiden: das nennt man, ihr Mönche, rechtes Handeln.[31]

Du bist nicht deshalb schon ein Halter der Lehre,
Nur weil du gut über die Lehre reden kannst;
Doch wenn du, selbst bei nur wenig Wissen,
Die Lehre tief verstehst
Und in Einklang mit der Lehre lebst,
Dann giltst du wirklich als ein Halter der Lehre.
Es ist besser, nichts Böses zu tun,
Denn das Böse wird dich später quälen.
Es ist besser, nur Gutes zu tun,
Denn das Gute wird dich niemals quälen.

Wie eine wunderschöne Blüte,
Leuchtend, und doch ohne Duft,
So bringt ein wohl gesprochenes Buddha-Wort
Dem, der es nicht befolgt, auch keine Frucht.[32]

---

31 Digha-Nikaya, 2:364, Sutta 22, in der Übersetzung von Neumann, S. 395.
   Mylius, S. 146, übersetzt: „Und was, o Mönche, ist rechte Tat? Des Umbringens von Lebewesen sich enthalten, des Nehmens von Nichtgegebenem sich enthalten, des unsittlichen Liebeslebens sich enthalten – das nennt man, o Mönche, rechte Tat."
32 Dhammapada (1) 259, 314, 51

Sei achtsam, o Volk Bahás, dass du nicht auf den Wegen jener wandelst, deren Worte sich von ihren Taten unterscheiden. ... Lasst eure Taten Führung für die ganze Menschheit sein, denn bei den meisten Menschen, ob hoch oder niedrig, unterscheidet sich das Bekenntnis vom Verhalten. Durch eure Taten aber könnt ihr euch vor anderen auszeichnen. ... Glücklich ist der Mensch, der Meinen Rat beachtet ...[33]

Früher wurde durch Worte geführt, nun aber sollen Taten uns leiten. Vom Menschen müssen heilige Taten ausgehen. Worte sind allen gemein, reine, heilige Taten sind nur Unseren Geliebten eigen. Darum strebt mit ganzer Seele, euch durch Taten auszuzeichnen.
Solches raten Wir euch auf dieser heiligen, strahlenden Tafel.[34]

Das Wesen des Glaubens ist, wenig Worte zu machen und eine Fülle von Taten aufzuweisen. Wisse fürwahr, dass für den, der mehr redet, als er tut, der Tod besser ist als sein Leben.[35]

---

33 Bahá'u'lláh, Ährenlese 139:8
34 Bahá'u'lláh, Die Verborgenen Worte, persisch 76
35 Bahá'u'lláh, Botschaften aus 'Akká 10:13

5. Rechte Lebensführung

Buddhistische Schriften

Was ist nun, ihr Mönche, rechtes Wandeln? Da hat, ihr Mönche, der heilige Jünger falschen Wandel verlassen und fristet sein Leben auf rechte Weise: das nennt man, ihr Mönche, rechtes Wandeln.[36]

Bahá'í-Schriften

Die besten Menschen sind jene,
die sich den Unterhalt durch ihren Beruf verdienen und
ihn für sich und ihre Angehörigen verwenden ...[37]

Jedem von euch ist es zur Pflicht gemacht, sich in einem Beruf – einem Handwerk, Gewerbe und dergleichen – zu betätigen.
... Vergeudet eure Zeit nicht mit Faulheit und Müßiggang. Beschäftigt euch mit dem, was euch und anderen nützt.[38]

---

36 Digha-Nikaya, 2:364, Sutta 22, in der Übersetzung von Neumann, S. 395.
   Mylius, S. 146, übersetzt: „Und was, o Mönche, ist rechter Wandel? Wenn hier, o Mönche, ein edler Anhänger falschen Wandel aufgegeben hat und ein Leben rechten Wandels führt, so wird das, o Mönche, rechter Wandel genannt."

37 Bahá'u'lláh, Die Verborgenen Worte, persisch 82
38 Bahá'u'lláh, Botschaften aus 'Akká 3:22

6. Rechte Anstrengung

Buddhistische Schriften

Was ist nun, ihr Mönche, rechtes Mühn? Da weckt, ihr Mönche, der Mönch seinen Willen, dass er unaufgestiegene üble, unheilsame Dinge nicht aufsteigen lasse, er müht sich darum, mutig bestrebt, rüstet das Herz, macht es kampfbereit; weckt seinen Willen, dass er aufgestiegene üble, unheilsame Dinge vertreibe, er müht sich darum, dass er unaufgestiegene heilsame Dinge aufsteigen lasse, er müht sich darum, … dass er aufgestiegene heilsame Dinge sich festigen, nicht lockern, weiterentwickeln, erschließen, entfalten, erfüllen lasse, …: das nennt man, ihr Mönche, rechtes Mühn.[39]

---

39 Digha-Nikaya, 2:364 f., Sutta 22, in der Übersetzung von Neumann, S. 395 f.
Mylius, S. 146, übersetzt: „Und was, o Mönche, ist rechtes Streben? Da, o Mönche, spannt ein Mönch den Willen an, um nicht entstandene böse, unheilvolle Dinge nicht (erst) entstehen zu lassen; er müht sich, strengt sich an; er übt das Gemüt, ertüchtigt es. Er spannt seinen Willen an, um entstandene böse, unheilvolle Dinge zum Verschwinden zu bringen; … um nicht entstandene heilsame Dinge zum Entstehen zu bringen; … um entstandene heilsame Dinge zur Festigung, nicht zur Lockerung, zur Vervielfachung, zur vollen Entwicklung, zur Entfaltung, zur Vollendung (zu bringen); … Das nennt man, o Mönche, rechtes Streben."

Bahá'í-Schriften

Wer vom Lichte der Einsicht erleuchtet ist, wird sich sicherlich von der Welt und ihren Nichtigkeiten loslösen. … Lasse dich durch die Welt und ihre Gemeinheit nicht betrüben.[40]

Erfolg oder Fehlschlag, Gewinn oder Verlust müssen daher vom eigenen Streben des Menschen abhängen. Je mehr er strebt, desto größer wird sein Fortschritt sein.[41]

… so erhebt euch und trachtet mit aller Begeisterung eures Herzens, mit allem Verlangen eurer Seele, mit der ganzen Inbrunst eures Willens und mit dem gesamten Bemühen eures ganzen Seins danach, zum Paradies Seiner Gegenwart zu gelangen … und euren Teil an diesem Dufthauch himmlischer Herrlichkeit zu erlangen.[42]

Unser größtes Bemühen muss auf die Loslösung von den Dingen dieser Welt gerichtet sein. Wir müssen danach streben, geistiger und strahlender zu werden, den Rat der göttlichen Lehre zu befolgen, uns dem Dienst der Sache der Einigkeit und wahren Gleichheit zu ergeben, …[43]

---

40 Bahá'u'lláh, in: Göttliche Lebenskunst, 9. Kap., S. 87
41 Bahá'u'lláh, Ährenlese 34:8
42 Bahá'u'lláh, Ährenlese 151:3
43 'Abdu'l-Bahá, Ansprachen in Paris, Nr. 28, S. 67

7. Rechte Achtsamkeit

Buddhistische Schriften

Was ist nun, ihr Mönche, rechte Einsicht? Da wacht, ihr Mönche, der Mönch beim Körper über den Körper, ... bei den Gefühlen über die Gefühle, ... beim Gemüte über das Gemüt, ... bei den Erscheinungen über die Erscheinungen, unermüdlich, klaren Sinnes, einsichtig, nach Verwindung weltlichen Begehrens und Bekümmerns: das nennt man, ihr Mönche, rechte Einsicht.[44]

---

44 Digha-Nikaya, 2:365, Sutta 22, in der Übersetzung von Neumann, S. 396.
   Mylius, S. 146 f., übersetzt: „Und was, o Mönche, ist rechte Wachheit? Da, o Mönche, verharrt der Mönch beim Körper über den Körper wachend, ...; bei den Gefühlen über die Gefühle wachend, ...; beim Gemüt über das Gemüt wachend, ...; bei den Gegebenheiten über die Gegebenheiten wachend, eifrig, einsichtig, aufmerksam, nach Aufgabe von Gier und Unmut in der Welt – das nennt man, o Mönche, rechte Wachheit."

Bahá'í-Schriften

Wer seinen weltlichen Wünschen folgt oder sein Herz an irdische Dinge hängt, soll nicht zum Volke Bahás zählen. Der ist Mein wahrer Jünger, der, käme er in ein Tal aus reinem Gold, geradewegs hindurchzöge, darüberschwebend wie eine Wolke, weder sich wendend noch rastend. Ein solcher Mensch gehört wahrlich zu Mir. ... Und wenn er der schönsten, anmutigsten Frau begegnete, fühlte er sein Herz auch nicht vom leisesten Schatten eines Verlangens nach ihrer Schönheit verführt. Ein solcher Mensch ist wirklich ein Geschöpf makelloser Keuschheit.[45]

Alsdann verbringe deine Lebenstage, die weniger sind als ein flüchtiger Augenblick, mit makellosem Gemüt, unbeflecktem Herzen, reinen Gedanken und geheiligtem Wesen, damit du die irdische Hülle frei und zufrieden ablegen ... kannst ...[46]

---

45   Bahá'u'lláh, Ährenlese 60:3
46   Bahá'u'lláh, Die Verborgenen Worte, persisch 44

8. Rechtes Sich-Versenken

Buddhistische Schriften

Was ist nun, ihr Mönche, rechte Einigung? Da weilt, ihr Mönche, der Mönch gar fern von Begierden, fern von unheilsamen Dingen, in sinnend gedenkender, ruhegeborener seliger Heiterkeit, in der Weihe der ersten Schauung.

Nach Vollendung des Sinnens und Gedenkens erwirkt er die innere Meeresstille, die Einheit des Gemütes, die von Sinnen, von Gedenken freie, in der Einigkeit geborene selige Heiterkeit, die Weihe der zweiten Schauung.

In heiterer Ruhe verweilt er gleichmütig, einsichtig, klar bewusst, ein Glück empfindet er im Körper, von dem die Heiligen sagen: „Der gleichmütig Einsichtige lebt beglückt"; so erwirkt er die Weihe der dritten Schauung.

Nach Verwerfung der Freuden und Leiden, nach Vernichtung des einstigen Frohsinns und Trübsinns erwirkt er die Weihe der leidlosen, freudlosen, gleichmütig einsichtigen vollkommenen Reine, die vierte Schauung. Das nennt man, ihr Mönche, rechte Einigung.[47]

---

47 Digha-Nikaya, 2:365, Sutta 22, in der Übersetzung von Neumann, S. 396.
Mylius, S. 147, übersetzt: „Und was, o Mönche, ist rechte Versenkung? Da, o Mönche, verharrt der Mönch fern von Begierden, fern von unheilvollen Gedanken, mit Andacht, mit Überlegung, indem er die einsamkeitsgeborene heitere Glückseligkeit, die erste Schauung, erreicht hat. Nach der Ausbildung von Andacht und Überlegung verharrt er, indem er den persönlichen Frieden, die geistige Konzentration, die von Andacht freie, von Überlegung freie, versenkungsgeborene heitere Glückseligkeit, die zweite Schauung, erreicht hat. In Heiterkeit und Leidenschaftslosigkeit, gleichmütig,

Bahá'í-Schriften

Es ist eine Grundtatsache, dass man während des Meditierens mit dem eigenen Geiste spricht. In diesem Gemütszustand stellt man seinem Geist bestimmte Fragen, und der Geist antwortet: Das Licht bricht hervor und die Wirklichkeit wird offenbar. …

Der Menschengeist erhält Kenntnisse und neue Kraft durch die Meditation. Durch sie werden Dinge, von denen der Mensch nichts wusste, vor seinen Augen ausgebreitet. …

Meditation ist der Schlüssel zu den Toren der Geheimnisse. In diesem Zustand löst sich der Mensch von sich selbst; er zieht sich in diesem Zustand zurück von allen Dingen der Außenwelt. In dieser subjektiven Verfassung taucht er ein in das Meer geistigen Lebens und kann die Geheimnisse der Dinge an sich enthüllen. Um dies zu veranschaulichen, denke man sich den Menschen mit zweierlei Sehvermögen ausgestattet: Wenn die innere Sehkraft angewendet wird, sieht das äußere Auge nicht.

Die Fähigkeit des Meditierens befreit den Menschen von seiner tierischen Natur, lässt ihn die Wirklichkeit der Dinge deutlich sehen …

---

verharrt er, aufmerksam und wachsam. Ein Glück empfindet er im Körper, das die Edlen beschreiben: ‚Der gleichmütige Wachsame verharrt glücklich!'; die dritte Schauung erreicht er. Er verharrt nach der Aufgabe des Glückes wie nach der Aufgabe des Leides, nach Überwindung der früheren Wohlgemutheit wie des Unmuts, und erreicht die leidlose, glücklose, gleichmütig-wachsame, vollkommen reine vierte Schauung. Das nennt man, o Mönche, rechte Versenkung."

Die Fähigkeit zur Meditation gleicht einem Spiegel: Stellt man ihn vor irdische Dinge, wird er diese widerspiegeln. Wenn der menschliche Geist also über irdische Dinge nachsinnt, wird er von diesen Kenntnisse erhalten. Wendet ihr aber den Spiegel eures Geistes himmelwärts, werden himmlische Bildnisse und die Strahlen der Sonne der Wirklichkeit in eurem Herzen widergespiegelt und ihr werdet die Tugenden des Himmelreiches erlangen.[48]

---

48 'Abdu'l-Bahá, in: Über die Macht des Gebets, S. 17 f.

Es gibt noch zahlreiche andere Bereiche, in denen die Leh-
ren des Buddha und diejenigen Bahá'u'lláhs sich weitge-
hend gleichen. Hierfür einige weitere Beispiele:

Der Tod wirft seinen Schatten über uns alle

Buddhistische Schriften

Wenn du immer all diese Blumen pflücken willst,
Wenn dein Herz immer voll des Verlangens ist,
So wird dich der Tod plötzlich überraschen,
Gleich, wie die Flutwelle ein schlafendes Dorf.[49]

Bahá'í-Schriften

O Kinder der Achtlosigkeit!
Hängt nicht euer Herz an eine Herrschaft, die vergeht,
und freut euch ihrer nicht. Ihr gleicht dem achtlosen Vogel, der unbekümmert in den Zweigen zwitschert, bis ihn
der Vogelfänger Tod plötzlich in den Staub wirft. Lied,
Gestalt und Farbe sind dahin, ohne eine Spur zu hinterlassen. Habt darum acht, o Knechte der Begierde![50]

---

49   Dhammapada (1) 47
50   Bahá'u'lláh, Die Verborgenen Worte, persisch 75

Sieh nicht auf die Sünden anderer

Buddhistische Schriften

Sieh nicht des anderen Verstöße,
Nicht, was er tat und unterließ;
Sieh, was du selber hast getan
Und was du unterlassen hast.

Der andern Fehler sieht man leicht,
Schwer aber man die eignen sieht;
Der andern Fehler deckt man auf
Grad wie man aussondert die Spreu,
Die eignen aber man verdeckt
Wie Falschspieler den schlechten Wurf.

Wer stets der andern Fehler sucht,
Beständig auf Bekrittlung sinnt,
Dem wachsen alle Triebe an;
Der Triebversiegung ist er fern.[51]

Bahá'í-Schriften

Wie konntest du deine eigenen Fehler vergessen und dich
mit den Fehlern der anderen befassen?

Sprich nicht über die Sünden anderer, solange du selbst
ein Sünder bist.

---

51 Dhammapada (2) 50, 252, 253

Übermannt euch das Feuer des Selbstes, so gedenkt eurer eigenen Fehler und nicht der Fehler Meiner Geschöpfe; denn ein jeder kennt sich selbst besser als den anderen.

Sprich nichts Schlechtes, auf dass du nichts Schlechtes hörest, und vergrößere die Fehler anderer nicht, damit deine eigenen Fehler nicht groß erscheinen.[52]

Vermeide die Gemeinschaft mit schlechten Menschen

Buddhistische Schriften

Suche dir keine schlechte Gesellschaft
Oder Menschen mit niedriger Gesinnung
Suche dir wirklich edle Freunde
Menschen von höchstem Wesen.[53]

Bahá'í-Schriften

O Mein Sohn!
Die Gesellschaft der Frevler vermehrt das Leid, die Gemeinschaft mit den Gerechten aber löst den Rost vom Herzen.[54]

---

52 Bahá'u'lláh, Die Verborgenen Worte, arabisch 26, 27; persisch 66, 44
53 Dhammapada (1) 78
54 Bahá'u'lláh, Die Verborgenen Worte, persisch 56

Freundlichkeit zu Tieren

Buddhistische Schriften

Wer keine Lebewesen mehr verletzt,
Weder schwache noch starke,
Wer nicht mehr tötet und zerstört,
Den nenne ich einen Heiligen.[55]

Bahá'í-Schriften

Aber den gesegneten Tieren muss man große Güte erweisen – je mehr, desto besser.[56]

Freude

Buddhistische Schriften

Wie glücklich leben wir doch,
Frei von Hass unter Hassenden;
Selbst inmitten hassender Menschen
Verweilen wir frei von Hass.

Wie glücklich leben wir doch,
Frei von allem, ohne anzuhaften;
Die Freude ist unsere Nahrung,
Den strahlenden Göttern gleich.[57]

---

55 Dhammapada (1) 405
56 'Abdu'l-Bahá, Briefe und Botschaften 138:5
57 Dhammapada (1) 197, 200

Bahá'í-Schriften

Die Freude verleiht uns Schwingen. In Zeiten der Freude ist unsere Kraft belebter, unser Intellekt geschärfter und unser Begriffsvermögen weniger umzogen.[58]

Zufriedenheit

Buddhistische Schriften

Zufriedenheit ist der größte Besitz, ...[59]

Bahá'í-Schriften

Begnüge dich mit wenigen irdischen Gütern![60]

Niemanden verletzen und keine Gewalt anwenden

Buddhistische Schriften

Alle Wesen zittern vor der Gewalt,
Alle Wesen fürchten den Tod;
Sieh dich selbst in anderen,
Und töte nicht, verletze nicht.

---

58   'Abdu'l-Bahá, Ansprachen in Paris, Nr. 35, S. 85
59   Dhammapada (1) 204
60   'Abdu'l-Bahá, in: Göttliche Lebenskunst, S. 80

Wer im Streben nach dem eigenen Glück
Gewalt anwendet und andere Wesen verletzt,
Die doch gleicherweise nach Glück suchen,
Der wird kein Glück finden in der nächsten Welt
Wer in seinem Streben nach dem eigenen Glück
Niemals Gewalt anwendet oder andere Wesen verletzt,
Die doch gleicherweise nach dem Glück suchen,
Der wird Glück finden in der nächsten Welt

Wer den Gewaltlosen Gewalt antut
Wer den Unschuldigen Schaden zufügt,
Dem mag von zehnerlei Übeln,
Bald dieses begegnen, bald jenes –[61]

Bahá'í-Schriften

Lasst die Freunde in jedem Fall rücksichtsvoll und unendlich gütig sein. Lasst sie nie den Mut verlieren wegen der Bosheit der Leute, ihrer Angriffslust und ihrem Hass, wie schlimm das auch sei. Wenn andere ihre Speere nach euch schleudern, so bietet ihnen Milch und Honig als Gegengabe. Wenn sie euch das Leben vergiften, versüßt ihnen die Seele. Wenn sie euch schaden, lehrt sie, wie man getröstet wird. Wenn sie euch eine Wunde schlagen, seid Balsam für ihre Schmerzen. Wenn sie nach euch stechen, setzt ihnen einen erfrischenden Becher an die Lippen.[62]

---

61 Dhammapada (1) 129, 131, 132, 137
62 'Abdu'l-Bahá, Briefe und Botschaften 8:8

Geduld, Nachsicht

Buddhistische Schriften

Die höchste Übung sind Geduld
und Vergeben, …[63]

Bahá'í-Schriften

Erweist einander Langmut, Wohlwollen und Liebe.[64]

Reinheit

Buddhistische Schriften

Rede mit reinem Geist,
Handle mit reinem Geist,
Und Glück wird dir folgen,
Wie der Schatten dem Körper folgt, und nicht weicht.[65]

Bahá'í-Schriften

Wahrlich, Wir sehen eure Taten. Wenn Wir von ihnen den
süßen Duft der Reinheit und Heiligkeit verspüren, werden Wir euch ganz gewiss segnen.[66]

---

63 Dhammapada (1) 184
64 Bahá'u'lláh, Ährenlese 5:3
65 Dhammapada (1) 2
66 Bahá'u'lláh, Ährenlese 141:4

Liebe

Buddhistische Schriften

Noch nie in dieser Welt
Hat Hass gestillt den Hass
Nur liebende Güte stillt den Hass
Dies ist ein ewiges Gesetz.[67]

Bahá'í-Schriften

Wisse, dass in jedem Zeitalter und in jeder Sendung alle göttlichen Verordnungen geändert und dem Erfordernis der Zeit entsprechend gewandelt wurden, das Gesetz der Liebe ausgenommen, das, einer Quelle gleich, immer fließt und nie einem Wandel unterliegt.[68]

In der Welt des Seins gibt es wahrlich keine größere Macht als die der Liebe.[69]

Großzügigkeit

Buddhistische Schriften

Die Selbstsüchtigen werden niemals
Das Glück himmlischer Welten erfahren,
Diese Narren lachen über Großzügigkeit

---

67 Dhammapada (1) 5
68 Bahá'u'lláh, in: Esslemont, Bahá'u'lláh und das Neue Zeitalter, 11. Kapitel, S. 201
69 'Abdu'l-Bahá, in: Liebe und Ehe, S. 7

Der Weise aber findet Freude im Geben
und wird so auch künftiges Glück erfahren.[70]

Bahá'í-Schriften

Freigebigkeit und Großmut sind Meine Zeichen.
Wohl dem, der den Schmuck Meiner Tugenden anlegt![71]

Beherrschung von Ärger und Zorn

Buddhistische Schriften

Gib den Ärger auf und den Stolz, …

Mit Sanftheit überwinde den Ärger.
Mit Güte überwinde den Hass.[72]

Bahá'í-Schriften

Lass dich von nichts betrüben, ärgere dich über niemanden.[73]

Ein Hassgedanke muss durch einen mächtigeren Gedanken der Liebe vernichtet werden.[74]

---

70   Dhammapada (1) 177
71   Bahá'u'lláh, Die Verborgenen Worte, persisch 49
72   Dhammapada (1) 221, 223
73   Abdu l-Bahá, Briefe und Botschaften 9:3
74   'Abdu'l-Bahá, Ansprachen in Paris, Nr. 6, S. 18

Zusammenfassung der Tugenden

Buddhistische Schriften

So lange die Mönche mit liebevoller Tat, mit liebevollem Worte, mit liebevollem Geiste den Ordensbrüdern beistehn werden, so offen als verborgen – so lange die Mönche die empfangenen Gaben, die Ordensspenden, bis auf die Brocken in der Almosenschale, bei jeder solchen Gabe nicht nach Willkür austeilen werden, um nach den tüchtig bewährten Ordensbrüdern gleichmäßig mitzuverteilen – so lange die Mönche die Tugendsatzungen ungebrochen, unverletzt, ungemustert, ungesprenkelt, aus freiem Entschlusse, als von Verständigen gepriesen, nicht angetastet, zur Vertiefung tauglich, bei jeder solchen Regel das Regelmaß gemeinsam bewahren werden mit den Ordensbrüdern, so offen als verborgen – so lange die Mönche jene Ansicht, die heilige, ausreichende, die dem Vollbringer zur gänzlichen Leidensversiegung ausreicht, bei solch einer Ansicht die Ansicht gemeinsam bewahren werden mit den Ordensbrüdern, so offen als verborgen, ist eben ein Wachsen der Mönche zu erwarten und kein Schwinden.[75]

---

75 Digha-Nikaya, 2:101 f., Sutta 16, in der Übersetzung von Neumann, S. 237 (leicht gekürzt)

Bahá'í-Schriften

Sei freigebig im Glück und dankbar im Unglück. Sei des Vertrauens deines Nächsten wert und schaue hellen und freundlichen Auges auf ihn. Sei ein Schatz dem Armen, ein Mahner dem Reichen, eine Antwort auf den Schrei des Bedürftigen, und halte dein Versprechen heilig. Sei gerecht in deinem Urteil und behutsam in deiner Rede. Sei zu keinem Menschen ungerecht und erweise allen Sanftmut. Sei wie eine Lampe für die, so im Dunkeln gehen, eine Freude den Betrübten, ein Meer für die Dürstenden, ein schützender Port für die Bedrängten, Stütze und Verteidiger für das Opfer der Unterdrückung. Lass Lauterkeit und Redlichkeit all dein Handeln auszeichnen. Sei ein Heim dem Fremdling, ein Balsam dem Leidenden, dem Flüchtling ein starker Turm. Sei dem Blinden Auge und ein Licht der Führung für den Fuß des Irrenden. Sei ein Schmuck für das Antlitz der Wahrheit, eine Krone für die Stirn der Treue, ein Pfeiler im Tempel der Rechtschaffenheit, Lebenshauch dem Körper der Menschheit, ein Banner für die Heerscharen der Gerechtigkeit, ein Himmelslicht am Horizont der Tugend, Tau für den Urgrund des Menschenherzens, eine Arche auf dem Meer der Erkenntnis, eine Sonne am Himmel der Großmut, ein Stein im Diadem der Weisheit, ein strahlendes Licht am Firmament deiner Zeitgenossen, eine Frucht am Baume der Demut.[76]

---

76   Bahá'u'lláh, Ährenlese 130

Verdienstvolle Taten

Zu den wichtigsten religiösen Tätigkeiten, welche die Buddhisten in allen Ländern ausführen, gehört der Erwerb von Verdiensten, die Vornahme religiöser Handlungen, um religiösen Verdienst zu gewinnen. Auch Bahá'u'lláh hat viele Wege gelehrt, wie man Verdienste erwirbt. Der wichtigste Weg ist der, unser Leben entsprechend seinen Lehren und Gesetzen zu führen. Verdienste können wir auch durch Gebet und Fasten erwerben (siehe 6. Kapitel), durch die Verrichtung unserer täglichen Arbeit im Geiste des Dienens, durch Selbsterziehung und Erziehung der Kinder, durch Spenden an die Bahá'í-Fonds und durch die Weitergabe der Lehren Bahá'u'lláhs an die Menschen, denen wir begegnen.

2. KAPITEL

Die Struktur der Existenz
Metaphysische Lehren

Ein wichtiger Bereich religiöser Lehre bezieht sich auf Fragen wie die nach dem Wesen des Selbstes oder der Seele, dem Wesen des Absoluten oder Gottes sowie auf die Fragen nach Erlösung und nach dem, was nach dem Tode geschieht. Dies ist der Bereich, welcher oft zur Ursache der größten Streitigkeiten zwischen Religionen wird. Wenn der Buddha zu solchen Themen gefragt wurde, lehnte er es ab, in theoretische Erörterungen hierüber hineingezogen zu werden. Keine Aussage zu solchen Fragen könne die Realität angemessen wiedergeben. Deshalb hielt der Buddha seine Anhänger davon ab, sich auf diese Dinge zu konzentrieren und ordnete sie dem Bereich der *Avyakatas*, der nicht bestimmbaren Dinge zu (siehe dazu weiter unten).

Malunkyaputta stellte einmal dem Buddha verschiedene Fragen: ob die Welt ewig sei oder nicht, ob die Welt begrenzt oder unbegrenzt sei, ob Seele und Körper identisch seien oder nicht sowie über die Existenz des Weisen nach dem Tod. Er erhielt keine Antwort, sondern stattdessen erzählte der Buddha ein Gleichnis:

> *Gleichwie etwa, Malunkyaputto, wenn ein Mann von einem Pfeile getroffen wäre, dessen Spitze mit Gift bestrichen wurde, und seine Freunde ... bestellten ihm einen heilkundigen Arzt; er aber spräche: ‚Nicht eher will ich diesen Pfeil herausziehn bevor ich nicht weiß, wer jener Mann ist, der mich getroffen hat, ob es ein Krieger*

oder ein Priester, ein Bürger oder ein Bauer ist; … wie er heißt, woher er stammt, … ob es ein großer oder ein kleiner oder ein mittlerer Mensch ist; … Nicht eher will ich diesen Pfeil herausziehn bevor ich die Spitze nicht kenne, die mich getroffen hat, …[77]

Dadurch, dass der Mann versucht hatte, alle Umstände des Schusses genauestens zu erfahren, hatte er die praktische Aufgabe, den Pfeil zu entfernen, vernachlässigt und würde sicher sterben. Entsprechend betont der Buddha, wenn er versuchen würde, die ihm von Malunkyaputta gestellten Fragen erschöpfend zu beantworten, „nicht genug könnte … der Vollendete einem solchen mitteilen: denn er stürbe hinweg."[78]

Hinsichtlich jeder der Fragen, die sich auf die vom Buddha als nicht bestimmbar bezeichneten Dinge beziehen, gibt Bahá'u'lláh eine etwas weitergehende Erklärung, im Grundsatz jedoch die gleiche Antwort. So ist die Antwort Bahá'u'lláhs auf die Frage, ob die Welt ewig sei oder nicht, im wesentlichen nicht anders als die des Buddha:

Was deine Bemerkung über den Anbeginn der Schöpfung anbelangt, so ist dies ein Gegenstand, über den die Auffassungen wegen der Verschiedenheiten der Gedanken und Blickpunkte auseinandergehen. Wolltest du behaupten, die Schöpfung habe immer bestanden und werde allzeit weiterbestehen, so wäre dies wahr; würdest du hingegen diejenige Vorstellung vertreten, die in den

---

77 Majjhima-Nikaya (2), Sutta 63, in der Übersetzung von Neumann, S. 465/466
78 Majjhima-Nikaya (2), Sutta 63, in der Übersetzung von Neumann, S. 466

heiligen Schriften erwähnt ist [d.h. dass die Welt einen Anfang hat und ein Ende haben wird], so gäbe es daran keinen Zweifel, …[79]

Was die zweite Frage von Malunkyaputta betrifft – ob die Welt begrenzt oder unbegrenzt sei – stellt Bahá'u'lláh wiederum fest, dass die Wahrheit dieser Angelegenheit schwer verständlich zu machen sei, da es sich um eine relative Wahrheit handle.

Was deine Frage betrifft, ob die stoffliche Welt Begrenzungen unterworfen sei, so wisse, dass das Verstehen dieser Tatsache vom Betrachter selbst abhängt. In gewissem Sinne ist diese Welt begrenzt, in anderem ist sie über alle Begrenzungen erhaben.[80]

Hinsichtlich der Frage nach dem Wesen des Selbstes oder der Seele schreibt Bahá'u'lláh, dass dies ein Zeichen sei, „dessen Wirklichkeit die gelehrtesten Menschen nicht zu begreifen vermögen, und dessen Geheimnis kein noch so scharfer Verstand je zu enträtseln hoffen kann."[81]

Indem er diesen Punkt mit der Unerkennbarkeit der absoluten Wirklichkeit verknüpft, stellt Bahá'u'lláh fest:

Würdest du in deinem Herzen von nun an bis zum Ende, das kein Ende hat, mit dem gesammelten Begriffsvermögen und Verständnis, das die größten Geister in der Vergangenheit erreicht haben oder in der Zukunft erreichen werden, über diese gottgefügte, tiefgründige Wirklichkeit

---

79 Bahá'u'lláh, Botschaften aus 'Akká 9:8
80 Bahá'u'lláh, Ährenlese 82:10
81 Bahá'u'lláh, Ährenlese 82:1

[der vernunftbegabten Seele] … nachdenken, DU WÜR-
DEST DENNOCH WEDER SEIN GEHEIMNIS VERSTEHEN NOCH
SEINEN WERT ERMESSEN KÖNNEN. WENN DU DEINE
MACHTLOSIGKEIT ERKANNT HAST, DIESE IN DIR RUHENDE
WIRKLICHKEIT HINREICHEND ZU VERSTEHEN, dann wirst
du bereitwillig zugeben, dass du oder jedes andere Ge-
schöpf sich vergeblich mühen würde, das Geheimnis des
lebendigen Gottes … zu ergründen. Dieses Eingeständ-
nis der Hilflosigkeit, zu dem reife Überlegung schließlich
jeden Geist führen muss, ist in sich selbst der Höhepunkt
menschlichen Verstehens, der Gipfel der menschlichen
Entwicklung.[82] (Hervorhebung vom Verfasser)

Obschon Bahá'u'lláh Begriffe verwendet, die – wie der Begriff „Gott" – aus der jüdisch-christlich-islamischen Theologie stammen, rät er jedoch seinen Anhängern in gleicher
Weise wie der Buddha davon ab, zuviel Zeit darauf zu
verwenden, zu versuchen, diese Dinge zu verstehen, da
sie – so stellt er fest – niemals in einem absoluten Sinne
verstanden werden können. Über das Verständnis des Absoluten, Gott, schreibt Bahá'u'lláh:

Jeder Versuch, zu einem Verständnis Seiner unerreich-
baren Wirklichkeit zu gelangen, endet in vollkommener
Verwirrung, und jedes Bemühen, Seinem erhabenen
Selbst zu nahen und Sein Wesen zu schauen, führt zu
Hoffnungslosigkeit und Fehlschlag.[83]

Bahá'u'lláh verwendet in seinen Schriften den Begriff
„Gott", während der Buddha Bezeichnungen wie „das
nicht Geborene, das nicht Gewordene" benutzt (siehe

---

82   Bahá'u'lláh, Ährenlese 83:4; vgl. auch ebd. 1:3-5 und 19:1
83   Bahá'u'lláh, Ährenlese 26:3

weiter unten: Das Absolute). Aber beide stimmen darin überein, dass dies lediglich Worte sind, die als Bezeichnung für etwas verwendet werden, was der menschliche Geist niemals begreifen kann. Somit sind alle Beschreibungen dieser Wirklichkeit und alle Erklärungsversuche nur in einem relativen Sinn wahr, und es ist sogar möglich, dass einander widersprechende Aussagen wahr sind. Wenn wir uns mit Dingen befassen, die in Verbindung stehen mit dem „nicht Geborenen, nicht Gewordenen, nicht Geschaffenen, nicht Gestalteten", hat jede Kultur und jede Tradition eine andere Sichtweise dieser Dinge und ihre Aussagen hierüber können verschieden aussehen. Diese Unterschiede haben ihre Ursache jedoch in den Beschränkungen dieser Welt *(Samsara)*. Die Wirklichkeit ist nur eine und entzieht sich unseren schwachen Versuchen sie zu beschreiben.

Von der Erkenntnis ausgehend, dass es nicht möglich ist, absolutes Wissen über diese Dinge zu erlangen, sind die Bahá'í der Auffassung, dass die in den verschiedenen religiösen Systemen dieser Welt zum Ausdruck kommenden unterschiedlichen Sichtweisen dieser Dinge allesamt Aspekte der Wahrheit sind. Jedes religiöse System entwickelt seine Sichtweise von dem eigenen Standpunkt her. Jede Sichtweise ist innerhalb der eigenen Perspektive richtig, selbst wenn sie von anderen völlig verschieden zu sein scheint.[84] Da die Bahá'í-Religion somit die metaphysischen Systeme aller bestehenden Religionen als gültige Ausformungen der Wahrheit ansieht, ist es nicht überraschend, dass in den Bahá'í-Schriften auch Passagen zu finden sind, die buddhistischen metaphysischen Konzepten entsprechen. Diese Bahá'í-Konzepte sind oft in Begriffe

---

84   Vgl. hierzu: Momen, Relativism, S. 185-217

gekleidet, die dem Buddhismus fremd sind – in die Begriffe der jüdisch-christlich-islamischen Theologie. Dies war schließlich die einzige Bahá'u'lláh zur Verfügung stehende Sprache, in der er sich seinen Mitmenschen mitteilen konnte. Diese Begriffe sind nur ein Ergebnis der Beschränkungen von *Samsara* (der weltlichen Existenz) bei dem Versuch das Absolute zu beschreiben. Sobald man über die Begriffe als solche hinaus auf die von ihnen vermittelten Ideen blickt, kann man große Übereinstimmungen zwischen Bahá'í-Konzepten und buddhistischen Konzepten finden.

Als Beispiele für die Übereinstimmungen zwischen Bahá'í-Religion und Buddhismus werden wir hier einige Bereiche der Lehre erörtern: Das Wesen dieser Welt (*Anicca* und *Maya*), das Absolute, das Wesen eines Vollendeten, *Anatta* (das Nicht-Selbst) und die Wiedergeburt. Für jedes dieser Konzepte finden sich Textstellen in den Schriften Bahá'u'lláhs, die gleiche Gedanken vermitteln.

Die Vergänglichkeit dieser Welt *(Anicca)*

Alles was Teil dieser Welt ist wandelt sich. Alles was Existenz erlangt hat, muss sich im Laufe der Zeit verändern und endlich aufhören zu existieren. Der Buddha stellt fest:

> *Vergänglich ist ja was erscheint,*
> *Nur Werden zum Gewesensein:*
> *Entstanden muss es untergehn;*
> *Ist Ruhe, reicht es selig aus.*[85]

---

85 Digha-Nikaya, 2:243, Sutta 17, in der Übersetzung von Neumann, S. 318

Auch Bahá'u'lláh nimmt häufig Bezug auf das „flüchtige" Wesen dieser Welt. Er stellt fest, dass selbst dann, wenn die Welt dauerhaft wäre,

> ... so wäre es dennoch unziemlich, wenn jene, die aus der Hand Deiner Gnade den Wein Deiner Gegenwart empfangen, ihr Herz an sie hängten; wie viel mehr, wenn sie ihre Flüchtigkeit erkennen und von ihrer Vergänglichkeit überzeugt sind. Die Zufälle in dieser Welt und der Wechsel, dem alles, was ihr zugehört, unterliegt, sind Zeugnis für ihre Unbeständigkeit.[86]

> Flüchtig sind die Güter dieser Welt. Was vergeht und sich verändert, ist seit je nur in festgesetztem Maße der Beachtung wert.[87]

Bahá'u'lláh berichtet, dass er als Kind bei der Hochzeit einer seiner Brüder ein Puppenspiel gesehen hat. Die Handlung spielte in einem Palast, und verschiedene Puppen stellten Mitglieder des königlichen Hofes dar. Als das Spiel zu Ende war, sah Bahá'u'lláh, wie die Puppenspieler alle die schön gekleideten Puppen in eine Truhe legten. Für Bahá'u'lláh war dies ein Gleichnis für die Illusion und Flüchtigkeit des Zierrats der Welt und allen irdischen Ruhmes.

Das trügerische Wesen dieser Welt (Maya)

Diese Welt stellt sich uns als Realität dar. Aber ihre Realität ist nur eine Täuschung. Der Buddha lehrt:

---

86   Bahá'u'lláh, Gebete und Meditationen 70:4
87   Bahá'u'lláh, Botschaften aus 'Akká 15:1

Sieh diese ganze Welt
Wie eine Blase im Wasser,
Wie eine Spiegelung in der Luft,
So gehst du jenseits dieses Reichs des Todes.[88]

Bahá'u'lláhs Lehre ist der buddhistischen Lehre von *Maya* ähnlich:

Die Welt ist nur Schein, eitel und leer, ein bloßes Nichts,
das der Wirklichkeit ähnelt. Hängt eure Liebe nicht an sie.
… Wahrlich, Ich sage, die Welt ist wie die Luftspiegelung
in der Wüste, von der der Durstige wähnt, sie sei Wasser,
und zu der er mit aller Kraft hinstrebt, bis er sie im Näher-
kommen als reine Sinnestäuschung erkennt.[89]

An anderer Stelle in den Bahá'í-Schriften wird diese Welt eine „Fata Morgana" genannt:

Das gegenwärtige Leben ist wie eine auflaufende Welle,
eine Fata Morgana oder ein flüchtiger Schatten. Kann ein
Zerrbild in der Wüste je als erquickendes Wasser dienen?
Nein, bei dem Herrn der Herren! Niemals können die
Wirklichkeit und ihr bloßer Schein dasselbe sein; groß ist
der Unterschied zwischen Wahn und Tatsache, zwischen
der Wahrheit und ihrem Trugbild.
Wisse, dass das Reich Gottes die wirkliche Welt, diese
Welt hienieden aber nur sein vorausgeworfener Schatten
ist. Ein Schatten hat kein eigenes Leben; sein Vorhanden-
sein ist nur ein Hirngespinst und nichts mehr; es sind
nur Bilder, vom Wasser gespiegelt, die dem Auge als Ge-
mälde erscheinen.[90]

---

88 Dhammapada (1) 170
89 Bahá'u'lláh, Ährenlese 153:8
90 'Abdu'l-Bahá, Briefe und Botschaften 150:1-2

Da die Welt sich ständig wandelt, vergänglich und eine Illusion ist, werden wir von den Buddhas angehalten, ihr keine Bedeutung beizumessen. Gautama Buddha stellt fest:

Sieh', Anando, alle jene Unterschiede sind vergangen, aufgelöst, umgewandelt. So vergänglich, Anando, sind die Unterschiede, so unbeständig, Anando, sind die Unterschiede, so unzulänglich, Anando, sind die Unterschiede, dass es wohl, Anando, nur hinreicht um aller Unterscheidungen überdrüssig zu werden, hinreicht um sich abzuwenden, hinreicht um sich abzulösen.[91]

Bahá'u'lláh schreibt:

Verschachert nicht die ewige Schönheit
um vergänglicher Schönheit willen,
und hängt nicht euer Herz
an die sterbliche Welt des Staubes.[92]

Das Absolute

Die Buddhas geben uns zum Glück die Zusicherung, dass es jenseits dieser vergänglichen Welt und ihrer Illusionen eine Wirklichkeit gibt, die Absolute Wirklichkeit; und dass es uns deshalb möglich ist, dem Leiden, das durch die Wechselfälle und Veränderungen dieser Welt verursacht wird, zu entkommen.

Gautama Buddha spricht von dem Überweltlichen (*Lokuttara, Lokottara*) oder Unbedingten (*Asankhata, Asamskrta*).

---

91 Digha Nikaya, 2:243, Sutta 17, in der Übersetzung von Neumann, S. 318
92 Bahá'u'lláh, Die Verborgenen Worte, persisch 14

Da dies Absolute jenseits unserer Welt existiert, verfügen wir über keine angemessenen Worte, um davon zu sprechen. Der Buddha beschreibt es in den bekannten Versen im Buch *Udana* des *Khuddaka-Nikaya* wie folgt:

Es gibt, ihr Mönche, ein nicht Geborenes, nicht Gewordenes, nicht Geschaffenes, nicht Gestaltetes. Wenn es, ihr Mönche, dieses nicht Geborene, nicht Gewordene, nicht Geschaffene, nicht Gestaltete n i c h t gäbe, dann wäre hier ein Entrinnen aus dem Geborenen, Gewordenen, Geschaffenen, Gestalteten nicht zu erkennen. Weil es nun aber, ihr Mönche, ein nicht Geborenes, nicht Gewordenes, nicht Geschaffenes, nicht Gestaltetes gibt, darum lässt sich ein Entrinnen aus dem Geborenen, Gewordenen, Geschaffenen, Gestalteten erkennen.

Für das, was abhängig ist, gibt es auch Bewegung, für das, was nicht abhängig ist, gibt es keine Bewegung; wo keine Bewegung ist, ist Ruhe; wo Ruhe ist, ist kein Verlangen; wo kein Verlangen ist, ist kein Kommen und Gehen; wo kein Kommen und Gehen ist, ist kein Vergehen und Neuentstehen; wo kein Vergehen und Neuentstehen ist, ist weder ein Hienieden noch ein Jenseits noch (ein Etwas) zwischen beiden; eben dies ist das Ende des Leidens.[93]

---

93   Udana, Kapitel 8, drittes und viertes Sutta, in der Übersetzung von Seidenstücker, S. 94.
Nagarjuna, der Begründer der Madhyamika-Schule des Buddhismus, zieht aus dieser Stelle den Schluss, dass es ohne die Anerkennung einer letzten Wirklichkeit (*Paramartha*) keine Befreiung (*Nirvana*) geben kann; Madhyamika-Sastra des Nagarjuna, XXIV, 10, in der Übersetzung von Mehlig, Weisheit des alten Indien, Band 2, S. 587: „Unabhängig von dem höchsten Sinn (*Paramartha)* wird das Nirvana nicht erreicht."
Siehe hierzu Murti, S. 235

Bahá'u'lláh spricht in gleicher Weise von einem Sein, einer unerforschlichen Wesenheit, worüber nichts ausgesagt werden kann:

> *Jedem verständigen, erleuchteten Herzen ist offenbar, dass Gott, die unerforschliche Wesenheit, das göttliche Sein, unermesslich erhaben ist über alle menschlichen Merkmale wie leibliche Existenz, Aufstieg und Abstieg, Ausgang und Rückkehr. ... Hoch erhaben steht Er über aller Trennung und Verbindung, Nähe und Ferne. Kein Zeichen kann Seine Gegenwart oder Abwesenheit künden, ...[94]*

Bahá'u'lláh bezieht sich hierbei nicht – wie es dem Gottesverständnis vieler entspricht – auf einen Mensch gewordenen Gott. Auch wenn der Buddha von dem „nicht Geborenen, nicht Gewordenen" spricht und Bahá'u'lláh von „Gott", so ergibt sich aus den vorstehenden Textstellen eindeutig, dass sie sich beide auf dieselbe Wesenheit beziehen, eine Wesenheit jenseits menschlichen Wissens und Verstehens.

Die buddhistische Lehre beschreibt die Welt, *Samsara*, als das Reich der Vergänglichkeit, des ständigen Wandels und unablässigen Werdens. Sie scheint wirklich, doch ist diese Wirklichkeit lediglich eine Illusion, *Maya*; in Wahrheit existiert allein das Absolute, nur dies ist wirklich. Die Existenz und Wirklichkeit von *Samsara* ist im Verhältnis zum Absoluten lediglich relativ – es kann keine unabhängige eigene Wirklichkeit haben, denn hätte *Samsara* eine unabhängige Wirklichkeit, so würde die Absolute Wirklichkeit aufhören absolut zu sein.

---

94 Bahá'u'lláh, Das Buch der Gewissheit 104

Auch Bahá'u'lláh sieht diese Welt der Erscheinungen nur als relative Wirklichkeit, während absolute Wirklichkeit allein Gott zukommt:

Absolutes Dasein kommt nur Gott zu, …[95]

Die Seele oder das Selbst

Wie wir oben gesehen haben, sieht der Buddha die Existenz des Selbstes oder der Seele als eines der Dinge an, die nicht bestimmt werden können. Jede Aussage hierüber – schon zu sagen, dass es oder sie existiert oder dass es oder sie nicht existiert – heißt eine dogmatische Haltung einnehmen, und dies wird den tatsächlichen Gegebenheiten nicht gerecht. Wir haben weiter gesehen, dass auch Bahá'u'lláh jegliche Aussagen oder Begriffsbildungen über das Selbst oder die Seele als weit entfernt von der Wahrheit ansieht (siehe oben Seite 53).

Der Seele oder dem Selbst wird in den Schriften Bahá'u'lláhs ein relatives oder bedingtes Dasein zugeschrieben. Nach dem Tod:

… wird sie die Gestalt annehmen, die ihrer Unsterblichkeit am besten ansteht und ihrer himmlischen Wohnstatt würdig ist. Solches Dasein ist ein bedingtes, kein absolutes Dasein, …[96]

… bedeutete doch die bloße Erwähnung eines Deiner Geschöpfe, dass ihr Dasein vor dem Hofe Deiner Einheit

---

95 Bahá'u'lláh, Ährenlese 81
96 Bahá'u'lláh, Ährenlese 81

und Einzigkeit behauptet würde. Diese Behauptung wäre offene Gotteslästerung, ein Akt der Gottlosigkeit, der Inbegriff der Ruchlosigkeit, ein mutwilliges Verbrechen.[97]

Diese zwei Zitate beinhalten bereits eine Tendenz zu dem buddhistischen Konzept von *Anatta* (Nicht-Selbst). Die Bahá'í-Schriften sind voller Aussagen über die Nichtigkeit des Selbstes. Zum Beispiel erklärt Bahá'u'lláh, als er über einen Aspekt der Stufe eines Buddha schreibt, dass sie [die Buddhas aller Zeitalter], im Vergleich mit dem Absoluten,

... sich ... als völlig ausgelöscht und nicht existent betrachten ... sie haben sich ganz als ein Nichts angesehen und ihre Erwähnung an jenem heiligen Hof als einen Akt der Gotteslästerung erachtet. Denn die leisesten Einflüsterungen des Selbstes sind an einem solchen Hof ein Beweis für Geltungsbedürfnis und unabhängiges Sein. In den Augen derer, die an diesen Hof gelangen, ist eine solche Regung schon ein schweres Vergehen.[98]

Als Bahá'u'lláh die Stationen der Reise des Menschen zu seinem höchsten Ziel aufzeigt, nennt er die letzte dieser Stationen „das Tal der wahren Armut und des völligen Vergehens".[99] In buddhistische Begriffe übersetzt, stellt diese Aussage fest, dass der Mensch, um das höchste Ziel des Absoluten zu erreichen, seinem Selbst sterben und alle Anhaftungen an diese Welt des *Samsara* auslöschen muss.

---

97   Bahá'u'lláh, Gebete und Meditationen 58:6
98   Bahá'u'lláh, Das Buch der Gewissheit 196
99   Bahá'u'lláh, Die Sieben Täler – Die Vier Täler, S. 41

Somit sehen sich der Erhabene Buddha und Bahá'u'lláh beide außerstande, dogmatische Aussagen über das Selbst oder die Seele zu machen, weil derartige Aussagen niemals die Wahrheit wiedergeben können. Die Wirklichkeit übersteigt Denken und Begriffsbildungen. Ebenso wie der Buddha fordert, dass die Aufmerksamkeit der Menschen nicht dem Dogma gilt, sondern der praktischen Aufgabe des geistigen Fortschritts des Einzelnen durch Unterdrücken des Feuers der Gier und des Verlangens, welches durch das Selbst, das menschliche Ego, erzeugt wird, so betont auch Bahá'u'lláh die Notwendigkeit, dass die Menschen sich aus der „Knechtschaft des Selbstes" befreien müssen.[100]

> *Erhebt euch, o Menschen, und entschließt euch, … den Sieg über euer Selbst zu erringen, damit die ganze Welt aus ihrer Hörigkeit vor den Götzen ihrer leeren Einbildungen erlöst werde – Götzen, die ihren erbärmlichen Anbetern so viel Schaden zugefügt haben und für ihr Elend verantwortlich sind. Diese Trugbilder sind das Hindernis, das den Menschen in seinem Bemühen hemmt, auf dem Pfade der Vervollkommnung voranzuschreiten.[101]*

Wiedergeburt und *Kamma (Karma)*

Der Erhabene Buddha erschien in einer Gesellschaft, die bereits von hinduistischen Ideen und Lehren geprägt war. Eine der wichtigsten von diesen war die Lehre von der Wiedergeburt. Der Buddha hat ihr eine neue Bedeutung

---

100 Bahá'u'lláh, Ährenlese 136:1
101 Bahá'u'lláh, Ährenlese 43:3

gegeben. Da der Buddhismus den Begriff des *Anatta* (Nicht-Selbst) lehrt, ist es nicht das Selbst einer Person, das wiederkehrt, sondern die Verbindung (Ansammlung) der fünf *Khandas* (*Skandhas*) – der Veranlagungen und charakteristischen Eigenschaften eines Menschen. Dieses Konzept ähnelt der Bahá'í-Lehre, wonach in jedem Zeitalter die Wiederkehr bestimmter Personen aus früheren Zeitaltern erfolgt – nicht in dem Sinne, dass eine solche Person selbst wiederkehrt, sondern dass die Persönlichkeitsmerkmale einer derartigen Person wieder erscheinen.

Dies zeigt sich am deutlichsten in den Lebensgeschichten der Buddhas selbst. Wenn zum Beispiel ein Buddha, ein Vollkommen Erwachter, erscheint, so gibt es bestimmte Persönlichkeitstypen, die sofort dafür empfänglich sind und seine Schüler werden, während andere ihn bekämpfen und versuchen, seinen Einfluss einzudämmen und ihm sogar zu schaden. Diese Persönlichkeitstypen, diese Verbindungen (Ansammlungen) von besonderen *Khandas*, werden in den Bahá'í-Schriften als „Wiederkehr" dieser Menschen aus einem früheren Zeitalter bezeichnet. So wird uns in der *Jataka-Sammlung* berichtet, dass in früheren Zeitaltern, bei früheren Geburten von Gautama Buddha, Devadatta ebenfalls versucht hatte, ihm zu schaden.[102]

Und so kann zum Beispiel Mírzá Yaḥyá, der Bahá'u'lláh bekämpfte und verriet, als die Wiederkehr von Judas Ischariot angesehen werden, der ein Jünger Jesu Christi war und ihn verriet. Judas wiederum kann als eine Wiederkehr von Devadatta angesehen werden, der den Buddha verriet. In gleicher Weise können die Gefährten Bahá'u'lláhs,

---

102 Jatakam, 3. Band, Nr. 407: Die Erzählung von dem großen Affen; in der Übersetzung von Dutoit, S. 404

die ihn in seine verschiedenen Verbannungen begleiteten, als die Wiederkehr der zwölf Jünger von Christus angesehen werden, die wiederum die Wiederkehr jener Mönche sind, die sich um Gautama Buddha scharten.

Das buddhistische Konzept der Wiedergeburt ist eng verbunden mit dem Gesetz des *Kamma* – Ursache und Wirkung. So ist das Leid, das uns widerfährt, die unmittelbare Folge von Taten, die wir in der Vergangenheit begangen haben.

In den Bahá'í-Schriften findet sich ebenfalls das Konzept von Ursache und Wirkung:

> *Die Prüfungen des Menschen sind von zweierlei Art:*
> *Erstens: Folgen seines eigenen Handelns, wenn jemand*
> *z. B. zu viel isst und dadurch Verdauungsstörungen er-*
> *leidet, oder Gift nimmt und infolgedessen krank wird*
> *oder stirbt. Wenn jemand spielt, so wird er Geld einbü-*
> *ßen, …*[103]

Dieses Gesetz von Ursache und Wirkung ist jedoch lediglich einer der Gründe, warum Leid die Menschen heimsucht. Dieselbe Textstelle nennt noch einen zweiten Grund für Prüfungen und Leiden:

> *Zweitens: Eine andere Art von Leiden überkommt die*
> *Getreuen Gottes. … Wer am meisten leidet, der wird die*
> *größte Vervollkommnung erfahren.*
> *… Kummer und Sorge überkommen uns nicht zufällig,*
> *sie werden uns vielmehr durch die göttliche Gnade zu*
> *unserer eigenen Vervollkommnung gesandt.*

---

103 'Abdu'l-Bahá, Ansprachen in Paris, Nr. 14, S. 35

... Menschen, die nicht leiden, erfahren keine Vervoll-
kommnung. Die vom Gärtner am stärksten beschnittene
Pflanze wird, wenn der Sommer kommt, die schönsten
Blüten und die üppigsten Früchte bringen.
Der Landmann furcht die Erde mit dem Pflug, und aus
einem solchen Boden erwächst die reiche und volle Ernte.
Je mehr ein Mensch geläutert wird, desto größer ist die
Ernte der geistigen Tugenden, die aus ihm hervorgehen.
Ein Soldat gibt keinen guten General ab, ehe er nicht in
der heftigsten Front des Kampfes war und tiefste Wun-
den empfangen hat.[104]

Es ist daher die Glaubensüberzeugung der Bahá'í, dass
unser gesamtes Leben auf dieser Erde ein Prozess ist, der
dazu dient, uns zu vervollkommnen und zu vergeistigen
und uns von dem Überfluss der materiellen Welt zu lösen.
Die Schwierigkeiten und Prüfungen, die uns auferlegt
werden, können uns hierbei helfen, wenn wir mit ihnen
auf die richtige Weise umgehen.

Nach allgemeiner buddhistischer Auffassung kehrt man
nach dem Tod in diese Welt zurück, oder genauer, die Ansammlung von *Khandas*, die wir sind, kehrt zurück. Die
Bahá'í glauben, dass es jenseits dieser Welt viele Welten
oder Ebenen der Existenz gibt, durch die hindurch wir uns
nach dem Tod weiterentwickeln. Der Unterschied ist wie
der zwischen einem Kreis, in welchem man immer wieder an denselben Ort zurückkehrt und einer Spirale, in
der man sich aufwärts bewegt und in Richtung auf das
Absolute voranschreitet. Obgleich also insoweit ein Unterschied besteht, stimmen Buddhismus und Bahá'í-Religion in dem entscheidenden Punkt überein, dass unser

---

104 'Abdu'l-Bahá, Ansprachen in Paris, Nr. 14, S. 36

Bemühen und unsere Handlungen in dieser Welt Einfluss auf diesen Fortschritt haben.

In den Bahá'í-Schriften findet sich eine Analogie zwischen unserem Leben in dieser Welt als Vorbereitung auf das, was nach dem Tode kommt, und dem Leben des Embryos im Leib der Mutter, wo es sich auf diese Welt vorbereitet.

> *Wie die Wirkungen und der Nutzen des Lebens im Mutterleib nicht an jenem dunklen, engen Ort zu suchen sind, wie der Zweck und Nutzen des Wachstums und der Entwicklung in jener vorherigen Welt erst dann offenbar werden, wenn das Kind in unsere weite Welt eintritt, so werden Lohn und Strafe, Himmel und Hölle, Vergeltung und ausgleichende Gerechtigkeit für die im gegenwärtigen Leben begangenen Taten in jener anderen Welt offenbar werden. Und wie das Leben im Mutterleib, für sich genommen, ein unsinniges Leben ohne Bedeutung wäre, so wäre der gesamte Vorgang des Lebens sinnlos und töricht, trügen das Dasein in dieser Welt und die hier vollbrachten Taten nicht in der jenseitigen Welt ihre Frucht.[105]*

Nibbana (Nirvana)

Europäische Kommentatoren haben lange Zeit zu der Ansicht geneigt, die Lehren des Buddha seien nihilistisch. Diese Meinung entstand in erster Linie im Zusammenhang mit den Schriften, die das *Nibbana* beschreiben. Buddhisten und Bahá'í sind jedoch übereinstimmend der

---

105 'Abdu'l-Bahá, Briefe und Botschaften 156:10

Ansicht, dass *Nibbana* zwar ein Aufhören beinhaltet, nicht aber ein Vernichten, ein Auslöschen bedeutet. Es bezieht sich auf das Aufhören von Unwissenheit, Leid und Begehren. Wie bei anderen metaphysischen Konzepten gab es für den Erhabenen Buddha keine Worte, die den Zustand des *Nibbana* zutreffend beschreiben würden.

> *Kein Maß gibt es für ihn, der hin zum Ende ging.*
> *Nicht gibt's ein Wort, durch das man ihn erfasst.*
> *Wenn alle Dinge völlig abgetan,*
> *Sind abgetan auch aller Rede Pfade.*[106]

Auch Bahá'u'lláh stimmt dem zu, dass es keine zutreffende Beschreibung dieses Zustandes gibt:

> *Meine Feder stockt, wenn sie die Höhe und Herrlichkeit einer so erhabenen Stufe gebührend zu beschreiben sucht.*[107]

Da es nicht möglich ist, den Zustand eines Menschen, der *Nibbana* erreicht hat, positiv zu beschreiben, verwendet der Erhabene Buddha zumeist verneinende Beschreibungen dieses Zustandes.

> *[Es ist, ihr Mönche,] der Bereich, wo weder Erde noch Wasser, nicht Feuer noch Luft ist; nicht der Bereich der Unendlichkeit des Raums, nicht der Bereich der Unendlichkeit des Bewusstseins, nicht der Bereich der Nichtsheit noch der Bereich der Nichtwahrnehmung oder Wahrnehmung; nicht diese Welt noch eine jenseitige Welt, nicht beide: Sonne noch Mond. Dies, Mönche, nenne ich*

---

106 Sutta-Nipata 1076
107 Bahá'u'lláh, Ährenlese 81

nicht Kommen und Gehen, nicht Zustand noch Verfall
oder Entstehung; ohne Grundlage, Fortentwicklung und
Bedingung ist es: Eben dies ist das Ende des Leidens.[108]

Der Buddha erklärt, dass *Nibbana* ein Zustand ist, in dem alle Wünsche und Begierden ausgelöscht sind[109] und in dem die Sinne vollkommen beherrscht werden.[110] Aber vor allem ist *Nibbana* der Zustand, in dem das Ego ausgelöscht ist: „Zerstört ist jeder Dünkel des ‚Ich bin,'…"[111] Aus den Äußerungen des Buddha geht klar hervor, dass dies ein Zustand ist, der „hier und jetzt", in diesem Leben, erreicht werden kann.

> *Wer recht den Geist entfaltet hat*
> *In den Erleuchtungsgliedern sieben*
> *Und alles Haften fahren ließ,*
> *Froh ist, von allem Hang befreit,*
> *Der Triebversiegte, Strahlende,*
> *Der ist erloschen in der Welt.*[112]

Wenn *Nibbana* erlangt werden kann, während man noch in dieser Welt lebt, dann ist klar, dass dies nicht Vernichtung bedeutet: es ist ein Zustand, den Menschen in diesem Leben erreichen können.

---

108 Udana, Kapitel 8, erstes Sutta, in der Übersetzung von Schumann, S. 115 f. Vgl. auch die Übersetzung von Seidenstücker, S. 93
109 vgl. Dhammapada (1) 180 - 181
110 vgl. Dhammapada (1) 92 - 94
111 Samyutta-Nikaya, III:22, Lehrrede 76, in der Übersetzung von Nyanaponika, S. 110
112 Dhammapada (2) 89

Auch Bahá'u'lláh drängt uns, uns von Bindungen zu lösen, damit wir in diesen befreiten Zustand eintreten können:

Gebt auf, was ihr besitzt, und erhebt euch auf den Schwingen der Loslösung über alles Erschaffene.[113]

Tretet hervor aus der Enge eurer bösen, verderbten Lüste, … und weilt auf den heiligen Auen der Loslösung, …[114]

Reinige dich vom Staub des Reichtums
und betritt in vollkommenem Frieden
die Reiche der Armut;
dort wirst du aus dem Quell der Loslösung
den Wein ewigen Lebens trinken.[115]

In der Tat verfolgen die großen Stifter der Weltreligionen sämtlich das Ziel „…alle Menschen zu erziehen, damit sie zur Todesstunde in größter Reinheit und Heiligkeit, in völliger Loslösung zum Throne des Höchsten aufsteigen."[116]

Gelingt uns dies, so ist Bahá'u'lláhs Beschreibung des erreichten Zustandes eine Widerspiegelung der buddhistischen Beschreibungen von *Nibbana*:

O Sohn der Weltlichkeit!
Schön sind die Gefilde wahren Seins,
o dass du zu ihnen gelangtest!
Herrlich ist das Reich der Ewigkeit,

---

113 Bahá'u'lláh, Ährenlese 72:2
114 Bahá'u'lláh, Ährenlese 115:2
115 Bahá'u'lláh, Die Verborgenen Worte, persisch 55
116 Bahá'u'lláh, Ährenlese 81

o dass du dich über diese sterbliche Welt erhöbest!
Süß ist die heilige Verzückung,
wenn du vom mystischen Kelch
aus den Händen des himmlischen Jünglings trinkst.
So du diese Stufe erreichst,
bist du erlöst von Vernichtung und Tod,
von Mühsal und Sünde.[117]

Wenn wir diesen Zustand der Loslösung erreichen, diesen Zustand des Aufhörens der Begierden, dann sind wir in das geistige Königreich (*Nibbana*) eingetreten, in dem uns das Leiden (*Dukkha*) nichts anhaben kann:

> *… wogegen das geistige Reich nie Traurigkeit verursacht. Ein Mensch, der mit seinen Gedanken in diesem Reiche lebt, kennt dauernde Freude. Die Übel, die das Erbe allen Fleisches sind, berühren ihn nicht, sie streifen sein Leben nur an der Oberfläche, während die Tiefen ruhig und gelassen sind.*[118]

Die *Avyakatas*, die Unbestimmbaren

Bei der Erörterung und Beschreibung all dieser Fragenkomplexe in den Lehren von Gautama Buddha und Bahá'u'lláh dürfen wir nie aus den Augen verlieren, worauf zu Beginn dieses Kapitels hingewiesen worden ist: dass diese Fragen über die Struktur des Seins und die Absolute Realität letztlich nicht beantwortet werden können (*Avyakata, Avyakrtavastuni*). Wir mögen sie erforschen und

---

117 Bahá'u'lláh, Die Verborgenen Worte, persisch 70
118 'Abdu'l-Bahá, Ansprachen in Paris, Nr. 35, S. 85 f.

über sie nachdenken, aber wir werden sie nie voll verstehen, denn die ganze Wahrheit über sie lässt sich nicht darlegen. Wir vermögen nur Teile dieser Wahrheit zu begreifen. Hierin liegt nach den Bahá'í-Lehren der Grund für die Uneinigkeit unter den Religionen hinsichtlich dieser Fragen. Die verschiedenen Religionen sind über diese Fragen uneins, weil jede von ihnen unterschiedliche Aspekte dieser Wahrheiten wahrnimmt.

Außerdem dürfen wir nicht die Unterweisung des Buddha vergessen, dass eine zu starke Beschäftigung mit diesen Fragen schädlich ist, weil sie uns von der wichtigen Frage ablenkt, wie wir Erleuchtung erlangen können. Eines Tages, so ist überliefert, stellte der Wanderasket Vacchagotta eine Frage über das Selbst, und der Buddha antwortete nicht. Als er später von seinem bedeutendsten Schüler, Ananda, zu seinem Schweigen befragt wurde, antwortete der Buddha:

Hätte ich, Anando, auf die Frage des Pilgers Vacchagotto, ob es ein Selbst gibt, geantwortet: ,Es gibt ein Selbst', so wäre ich den Asketen und Brahmanen gefolgt, die Ewigkeit behaupten. Hätte ich aber, Anando, auf die Frage des Pilgers Vacchagotto, ob es kein Selbst gibt, geantwortet: ,Es gibt kein Selbst', dann wäre ich den Asketen und Brahmanen gefolgt, die Vernichtung behaupten.[119]

Anders ausgedrückt: Hätte der Erhabene Buddha die Frage beantwortet, so wäre er gezwungen gewesen, sich für die eine oder die andere Theorie auszusprechen. Dem Buddha war jedoch bewusst, dass die richtige Antwort

---

119 Samyutta-Nikaya, IV:44, Lehrrede 10, in der Übersetzung von Hekker, S. 212

jenseits aller Theorien und Konzepte lag. Aus diesem Grunde sah er sich außerstande, die Frage zu beantworten ohne den Hörer zu verwirren. Derartige Fragen halten zudem den Einzelnen von der wichtigen und dringenden Aufgabe der Erlösung ab, die in keiner Weise von einem Verständnis dieser Dinge abhängig ist.

> *Vaccha, die spekulative Ansicht, dass die Welt ewig sei, … dass die Welt nicht ewig sei, … dass die Welt endlich sei, … dass die Welt unendlich sei, … dass die Seele und der Körper das gleiche seien, … dass die Seele eine Sache und der Körper eine andere sei, … dass ein Tathagata nach dem Tode existiere, … dass ein Tathagata nach dem Tode nicht existiere, … dass ein Tathagata nach dem Tode sowohl existiere, als auch nicht existiere, … dass ein Tathagata nach dem Tode weder existiere, noch nicht existiere, ist ein Dickicht von Ansichten, eine Wildnis von Ansichten, eine Verzerrung von Ansichten, ein Wankelmut von Ansichten, eine Fessel von Ansichten. Sie ist von Dukkha [Leiden] umzingelt, von Verdruss, von Verzweiflung und Fieber, und sie führt nicht zur Ernüchterung, zur Lossagung, zum Aufhören, zum Frieden, zur höheren Geisteskraft, zur Erleuchtung, zu Nibbana. Weil ich diese Gefahr sehe, nehme ich keine dieser Arten von Ansichten an.[120]*

Und so weigerte der Buddha sich, in theoretische Erörterungen über diese und andere metaphysische Fragen hineingezogen zu werden. Er riet seinen Anhängern davon ab, sich auf derartige Dinge zu konzentrieren. Der Buddha verwies metaphysische Fragen in den Bereich der

---

120 Majjhima-Nikaya, Sutta 72 (14), in der Übersetzung von Zumwinkel, Band II, S. 196 f.

Avyakatas, der Fragen, die nicht beantwortet werden können. Wenn dem Buddha derartige Fragen gestellt wurden, schwieg er in der Regel.

Bahá'u'lláh ist grundsätzlich der gleichen Meinung wie der Buddha, dass diese metaphysischen Fragen nicht durch Erklärungen beantwortet werden können, denn eine Antwort würde voraussetzen, dass es möglich ist, diese Dinge zu begreifen, während tatsächlich mit dem begrenzten Verstand des Menschen absolute, grundsätzliche Kenntnis dieser Dinge nicht erlangt werden kann.

Wenn wir also bei einer der in diesem Kapitel behandelten Fragen Unterschiede zwischen dem buddhistischen Standpunkt und dem Standpunkt der Bahá'í bemerken, so sollten wir in Betracht ziehen, dass beide Ansichten richtig sein können – jede von ihrer eigenen Sichtweise her. Noch wichtiger ist es, uns daran zu erinnern, dass sowohl der Erhabene Buddha als auch Bahá'u'lláh betonen, dass wir uns durch solche Dinge nicht ablenken lassen dürfen. Wir sollten unsere Aufmerksamkeit auf die praktische Frage konzentrieren, wie wir Erleuchtung erlangen können. Sodann sollten wir uns gedanklich von dem Inhalt dieses Kapitels abwenden und uns den praktischen Lehren der Religion zuwenden, wie wir sie in den Kapiteln 1 und 5 finden. Wir sollten uns darauf konzentrieren, den Pfeil des Leidens zu entfernen, wie es der Buddha in seiner Antwort an Malunkyaputta darlegt, und nicht darauf, Fragen nach der Beschaffenheit des Pfeils zu stellen. Die erforderlichen praktischen Anweisungen finden wir in den Lehren der großen Erzieher, der Stifter der Weltreligionen, der Buddhas.

Das Wesen der Buddha-Natur

Fassen wir die vorhergehenden Abschnitte zusammen, so können wir sagen, dass Bahá'u'lláhs Lehren mit denen des Erhabenen Buddha darin übereinstimmen, dass es für die Menschheit unmöglich ist, vollständiges Wissen über die Absolute Wirklichkeit zu erlangen. Aus geistiger Sicht ist es auch nicht sinnvoll, viel Zeit damit zu verbringen über diese Dinge nachzudenken. Vielmehr sollten wir uns den Buddhas zuwenden, welche die einzige Quelle für unser Wissen über das Absolute sind, und uns bemühen ihren Lehren zu folgen. Fragen in der Art wie „Was ist das Wesen der Absoluten Wirklichkeit, die es jenseits der Buddhas gibt?" sollten wir beiseite lassen und uns stattdessen der Führung der Buddhas anvertrauen. Der Buddha selbst rät uns dies:

> *Da ein Tathagata, selbst in seiner unmittelbaren Gegenwart, unbegreiflich ist, ist es unzulänglich, von ihm – der Äußersten Person, der Höchsten Person, dem Erreicher des Höchsten – zu sagen, dass nach dem Sterben der Tathagata ist, oder nicht ist, oder zugleich ist und nicht ist, oder weder ist noch nicht ist.*[121]

Der Buddha spricht zwar von der Absoluten Wirklichkeit und von sich als demjenigen, der den Heilsweg, den *Dhamma*, aufzeigt, während Bahá'u'lláh von Gott spricht und von sich als der Manifestation Gottes. Dennoch sagen beide im Ergebnis das Gleiche und beziehen sich auf dieselbe geistige Wahrheit: dass es eine Höhere Wahrheit,

---

121 Im Zeichen Buddhas, Buddhistische Texte Nr. 108 (= Samyutta-Nikaya, III:22, Lehrrede 86 in der Übersetzung von Nyanaponika, S. 140)

eine Absolute Wirklichkeit gibt, zu der die Menschen keinen unmittelbaren Zugang haben. Es gibt keine Worte, mit denen jene Wirklichkeit zutreffend beschrieben werden kann. Erkennen können wir jedoch die Buddhas, die in der Welt erscheinen. Sie sind die Vermittler zwischen uns und der Wahrheit. Sie sind vollkommen vertraut mit der Wahrheit.[122] Wir können ihrer Führung folgen. Sie führen uns zu Befreiung und Erlösung.

Es gibt einen weit verbreiteten Glauben, dass der Erhabene Buddha ein Mensch wie jeder andere gewesen ist, der durch eigene Anstrengung die Erleuchtung erlangt hat. Werden die buddhistischen Schriften jedoch unbefangen und unvoreingenommen geprüft, so ist es kaum möglich, zu einem solchen Verständnis zu gelangen. Als der Buddha zum Beispiel gefragt wurde, ob er Menschen zu jener höheren Wirklichkeit führen könne, antwortete Gautama Buddha:

> *Dennoch könnte, o Vasettha, dieser in Manasakata geborene und aufgewachsene (und jetzt) nach dem Weg nach Manasakata befragte Mann ein Zaudern oder eine Verlegenheit (aufweisen). Aber der nach der Brahma-Welt oder nach dem in die Brahma-Welt führenden Pfad befragte Vollendete könnte kein Zaudern oder Verlegenheit (aufweisen). Ich, o Vasettha, kenne auch Brahma und die Brahma-Welt und den zur Brahma-Welt führenden Pfad, und wie (Brahma) in die Brahma-Welt gelangt und (dort) erschienen ist, auch das weiß ich!*[123]

---

122 siehe Digha-Nikaya, Sutta 13, 40, in der Übersetzung von Mylius, S. 125
123 Digha-Nikaya, Sutta 13, 38, in der Übersetzung von Mylius, S. 124

Die Schriften des Buddhismus scheinen somit nahe zu legen, dass die Buddhas in Wirklichkeit Menschen einer höheren Seinsebene sind, die nur vorübergehend in dieser Welt sind, um uns zu führen. Darüber hinaus verurteilt der Erhabene Buddha diejenigen seiner Anhänger, die behaupten, dass seine Lehre etwas sei, was der Buddha selbst ersonnen habe, ein Ergebnis seines eigenen Bemühens.

> *Sariputta, wenn ich auf solche Weise weiß und sehe, sollte dann jemand von mir sagen: ‚Der Mönch Gotama hat keinerlei übermenschliche Zustände erreicht, keine Klarheit des Wissens und der Schauung, die der Edlen würdig ist. Der Mönch lehrt ein Dhamma, das lediglich mit dem Verstand erdacht ist, folgt seinen eigenen Erwägungen, so wie es ihm einfällt', dann wird er, wenn er jene Rede und jenen Geist nicht aufgibt und auf jene Ansicht nicht verzichtet in der Hölle landen, so als ob man ihn dorthin schleppte.*[124]

Auf die Frage, auf welchem Weg ein Zustand der Vereinigung mit Brahma erreicht werden könne, antwortete Gautama Buddha:

> *Da tritt, o Vasettha, in der Welt der Vollendete ins Dasein, der Heilige, Vollkommen Erwachte, der mit Wissen und (rechtem) Wandel Ausgestattete, recht Wandelnde, der Weltkenner, der unübertreffliche Lenker der zu zähmenden Menschen, der Meister der Götter und Menschen, der Erwachte, der Erhabene. Er erklärt diese Welt mit den Göttern, mit Mara, mit Brahma, mit der*

---

124 Majjhima-Nikaya, Sutta 12 (34), in der Übersetzung von Zumwinkel, Band I, S. 186

Welt der Bettelmönche und Brahmanenpriester, nach-
dem er sie selbst erfasst und erfahren hat. Er verkündet
die Lehre, die am Anfang heilbringende, die in der Mitte
heilbringende, die am Schluss heilbringende, sinn- und
buchstabengetreu; er legt den absolut vollkommenen,
reinheitdurchdrungenen heiligen Wandel dar.[125]

Somit wird deutlich, dass der Buddha nicht allein deshalb
als außergewöhnlich hervorragt, weil er die Erleuchtung
erlangt hat (ein Zustand, den viele Sterbliche erreichen
können). Er war außergewöhnlich von Geburt an; seit seiner Geburt war er ein besonderes Wesen, wie es nur selten
in der Welt erscheint.

Entgegen der allgemeinen Ansicht, dass jeder durch sein
eigenes Bemühen Erleuchtung erlangen kann, stellt der
Erhabene Buddha in der Tat fest, dass erst durch das Erscheinen eines Buddhas der Pfad deutlich wird und die
Vier Edlen Wahrheiten bekannt gemacht werden.

Solange nicht der Vollendete in der Welt erscheint, der
Heilige, Vollkommen Erwachte, solange werden auch
kein großes Licht und kein großer Glanz offenbar. Solan-
ge herrscht dort Dunkelheit und Finsternis, Verdunke-
lung und Verfinsterung. Da werden die vier edlen Wahr-
heiten nicht gezeigt, aufgewiesen, dargelegt, dargestellt,
enthüllt, entwickelt, offenbar gemacht.

Wenn aber, ihr Mönche, der Vollendete in der Welt er-
scheint, der Heilige, Vollkommen Erwachte, dann wer-
den auch ein großes Licht und ein großer Glanz offenbar.

---

125 Digha-Nikaya, Sutta 13, 40, in der Übersetzung von Mylius, S. 125

Es herrscht dort nicht mehr Dunkelheit und Finsternis, es gibt keine Verdunkelung und keine Verfinsterung. Da werden die vier edlen Wahrheiten gezeigt, aufgewiesen, dargelegt, dargestellt, enthüllt, erläutert, entwickelt, offenbar gemacht.[126]

Bahá'u'lláh bringt in seinen Schriften dieselben Wahrheiten zum Ausdruck. Er sagt, dass die *Tathagatas* oder Manifestationen Gottes die Mittler zwischen der höchsten Wirklichkeit und dieser Welt sind. Sie sind mit der höchsten Wirklichkeit vollkommen vertraut und vermögen uns Menschen den Weg zu jener Welt zu zeigen.

Jedem verständigen, erleuchteten Herzen ist offenbar, dass Gott, die unerforschliche Wesenheit, das göttliche Sein, unermesslich erhaben ist über alle menschlichen Merkmale wie leibliche Existenz, Aufstieg und Abstieg, Ausgang und Rückkehr. Fern sei es Seiner Herrlichkeit, dass des Menschen Zunge angemessen Sein Lob künden oder des Menschen Herz Sein unergründliches Mysterium erfassen könnte. Er ist und war von jeher in der altehrwürdigen Ewigkeit Seines Wesens verhüllt und wird in Seiner Wirklichkeit dem Schauen der Menschen ewiglich verborgen bleiben. …

Das Tor der Erkenntnis des Altehrwürdigen der Tage ist so vor dem Antlitz aller Wesen verschlossen. Darum hat der Quell unendlicher Gnade … jene leuchtenden Edelsteine der Heiligkeit aus dem Reiche des Geistes in der edlen Gestalt des menschlichen Tempels erscheinen und allen Menschen offenbar werden lassen, auf dass sie der

---

126 Samyutta-Nikaya, V:56, Lehrrede 38, in der Übersetzung von Hekker, S. 432 f.

Welt die Mysterien des unveränderlichen Seins schenken
und ihr von Seinem reinen, unsterblichen Wesen kün-
den.[127]

Auch wenn der Buddha jemand ist, der *Nibbana* erreicht
hat, so trifft es nicht zu, dass jeder, der *Nibbana* erreicht
hat, schon allein deshalb ein Buddha ist. Die Äußerungen des Buddha weisen darauf hin, dass es viele gibt, die
Nibbana erreichen werden – zum Beispiel versicherte der
Buddha auf seinem Sterbebett seinen fünfhundert Gefährten, dass sie alle Überwinder des Stromes (des Leidens) sein würden (das heißt, dass sie *Nibbana* erreichen
würden).[128] Hingegen erscheinen nur selten vollkommen
erwachte Buddhas, die *Tathagatas* sind und den *Dhamma*
erneuern sowie neue Lehren für den *Vinaya* bringen. In
den buddhistischen Schriften heißt es: „Selten doch nur,
irgend einmal, erscheinen Vollendete in der Welt, Heilige,
Vollkommen Erwachte."[129]

Der Buddha stellt ausdrücklich fest, dass seine Stufe eine
solche ist, die „nie ein Weltling hat erlebt"[130] und die – wie
wir gesehen haben – nicht zu begreifen ist: „Da ein Tathagata, selbst in seiner unmittelbaren Gegenwart, unbe-
greiflich ist, ist es unzulänglich, von ihm – der Äußersten
Person, der Höchsten Person, dem Erreicher des Höchsten

---

127 Bahá'u'lláh, Ährenlese 19:1-2
128 Digha-Nikaya, 2:193, Sutta 16, in der Übersetzung von Neumann,
S. 291: „Denn wer auch, Anando, unter diesen fünfhundert Mönchen der geringste sei: er ist zur Hörerschaft gelangt, dem Verder-
ben entronnen, eilt zielbewusst der vollen Erwachung entgegen."
129 Digha-Nikaya, 2:186, Sutta 16, in der Übersetzung von Neumann,
S. 286
130 Dhammapada (2) 272

– zu sagen …"[131] Da der *Tathagata* oder Buddha „den zur Brahma-Welt führenden Pfad kennt"[132], ist es seine Aufgabe, „den Weg zu weisen."[133]

Der Buddha ist von anderen, die durch Einsicht frei geworden sind, zu unterscheiden. Der Buddha ist jemand, der ein neues *Dhamma* ins Leben ruft:

> *Der Vollendete, ihr Mönche, der Heilige, Vollkommen Erwachte ist des unentdeckten Weges Entdecker, des nicht gefundenen Weges Finder, des unverkündeten Weges Künder, der Wegwisser, der Wegkenner, der Wegeskundige. Auf dem Wege nun folgen ihm jetzt die Jünger nach, die später hinzugekommen.*
> *Dies, ihr Mönche, ist der Unterschied, die Besonderheit, die Verschiedenheit des Vollendeten, Heiligen, Vollkommen Erwachten gegenüber dem wissensbefreiten Mönch.*[134]

Die Stufe eines Buddha ist somit unendlich erhaben und ein Phänomen, das nur selten in der Welt auftritt. Gautama Buddha nannte für dieses Zeitalter nur drei frühere Buddhas sowie den *Metteyya (Maitreya)* Buddha, der nach ihm kommen würde.

Generell beschreibt Bahá'u'lláh die Stufe und die Aufgabe der Vollkommen Erwachten in sehr ähnlicher Weise. Er

---

131 Im Zeichen Buddhas, Buddhistische Texte, Nr. 108 (= Samyutta-Nikaya, III:22, Lehrrede 86 in der Übersetzung von Nyanaponika, S. 140)

132 Digha-Nikaya, Sutta 13, 38, in der Übersetzung von Mylius, S. 124

133 vgl. Majjhima-Nikaya, Sutta 107 (14), in der Übersetzung von Zumwinkel, Band III, S. 83

134 Samyutta-Nikaya, III:22, Lehrrede 58, in der Übersetzung von Nyanaponika, S. 100

stellt ebenso fest, dass derartige Persönlichkeiten nur selten erscheinen, jeweils in einem Abstand von etwa fünfhundert bis eintausend Jahren. Ihre Stufe ist unendlich erhaben, weit über der eines jeden anderen Menschen, und sie haben die Aufgabe, die Menschheit auf den richtigen Weg zu führen, den Pfad des *Dhamma* wieder aufzuzeigen und neue Regeln für das Zusammenleben der Menschen aufzustellen.

Bahá'u'lláh stellt fest, dass alle diese in der Vergangenheit erschienenen und in Zukunft noch kommenden großen Lehrer als Vermittler zwischen einer unerkennbaren Absoluten Wirklichkeit und den Menschen wirken. In bestimmter Hinsicht sind sie vollkommene Manifestationen der Absoluten Wirklichkeit, der personifizierte Aspekt des Absoluten. Die Buddhas sind der einzige Kontakt, den wir in dieser Welt des *Samsara* mit der Ewigkeit und dem Absoluten haben können. Wie Gautama Buddha sagt: „Das Dasein währt nicht ewiglich, die Auferwachten wanken nicht."[135] Ähnlich schreibt Bahá'u'lláh: „alles auf Erden ist vergänglich außer Seinem Angesicht."[136]

Die Buddhas sind die Verkörperungen der Wahrheit, des Absoluten, in dieser Welt. In der Tat haben die Buddhas uns davon abgeraten, nach der Absoluten Wahrheit zu suchen, die sich außerhalb unserer Reichweite befindet; stattdessen haben sie uns geraten, die Buddhas selbst als die Wahrheit anzusehen. Da die Buddhas die Verkörperungen der Absoluten Wahrheit sind, sind sie alles, was die Menschen überhaupt von der Wahrheit erkennen können. Der Erhabene Buddha stellt fest:

---

135 Dhammapada (3) 255
136 Bahá'u'lláh, Die Sieben Täler – Die Vier Täler, S. 42
     (Bahá'u'lláh zitiert hier aus dem Koran)

Wer da, o Vakkali, die Lehre sieht, der sieht mich; wer
mich sieht, der sieht die Lehre![137]

In gleicher Weise sagt Bahá'u'lláh:

Wisse wahrlich, wann immer dieser Jüngling Seine
Augen auf Sein Selbst richtet, hält Er es für das Unbe-
deutendste der ganzen Schöpfung. Wenn Er jedoch den
strahlenden Glanz betrachtet, den zu offenbaren Er er-
mächtigt wurde, siehe, dann verwandelt sich dieses Selbst
vor Ihm in eine unumschränkte Macht, die das Wesen
alles Sichtbaren und Unsichtbaren durchdringt.[138]

Diese göttlichen Lehrer, die von Zeitalter zu Zeitalter in
der Welt erscheinen, werden von Bahá'u'lláh mit Spiegeln verglichen, die in dieser Welt das Licht des Absoluten widerspiegeln. Ohne sie „werden", in den Worten des
Buddha, „auch kein großes Licht und kein großer Glanz
offenbar. Solange herrscht dort Dunkelheit und Finsternis,
Verdunkelung und Verfinsterung."[139]

Die fortschreitende Entfaltung des *Dhamma*

Es scheint jedoch ein Widerspruch darin zu liegen, wenn
der Buddha feststellt, der *Tathagata* sei „des unentdeck-
ten Weges Entdecker, … des unverkündeten Weges

---

137 Samyutta-Nikaya, III:22, Lehrrede 87, in der Übersetzung von
Nyanaponika, S. 142
138 Bahá'u'lláh, Ährenlese 49
139 Samyutta-Nikaya, V:56, Lehrrede 38, in der Übersetzung von Hecker, S. 432 f.

Künder",[140] und wenn er an anderer Stelle feststellt, der *Dhamma*, den er bringe, sei der alte *Dhamma*, gelehrt von früheren Buddhas:

> *Ganz ebenso, ihr Bhikkhus, erblickte ich eine alte Straße, einen alten Weg, von den Allbuddhas früherer Zeit begangen. Und welches war, ihr Bhikkhus, die alte Straße, der alte Weg, von den Allbuddhas früherer Zeit begangen? Es war das dieser edle achtgliedrige Pfad, ...*[141]

Bahá'u'lláh trifft weitgehend die gleichen Feststellungen, wenn er verkündet, „Dies ist Gottes unveränderlicher Glaube, ewig in der Vergangenheit, ewig in der Zukunft"[142] und zur gleichen Zeit sagt, dass er neue Lehren gebracht habe, die dem heutigen Zustand der Menschheit angemessen seien.

Bahá'u'lláh hat erklärt, warum der Buddha feststellen kann, dass er einen Weg verkündet, der nie zuvor verkündet worden ist, und zur gleichen Zeit versichern kann, dass er den alten *Dhamma* lehrt, den die früheren Buddhas verkündet haben. Bahá'u'lláh erklärt, dass die Lehren aller Buddhas aus zwei Teilen bestehen. Der erste Teil besteht aus den geistigen und ethischen Lehren. Diese wandeln sich nicht von einem Zeitalter zum anderen. Sie werden von jedem Buddha gelehrt, der jemals auf Erden erschienen ist. Sie sind der alte *Dhamma*, den die früheren Buddhas gelehrt haben. So schreibt zum Beispiel Bahá'u'lláh

---

140 Samyutta-Nikaya, III:22, Lehrrede 58, in der Übersetzung von Nyanaponika, S. 100
141 Samyutta-Nikaya, II:104, Lehrrede 65, in der Übersetzung von Geiger, S. 148
142 Bahá'u'lláh, Ährenlese 70:2

in der Einleitung zu seinem Werk *Die Verborgenen Worte*
(ein Werk, das in vieler Hinsicht dem Dhammapada sehr
ähnlich ist):

Dies ist herabgekommen
aus dem Reiche der Herrlichkeit,
gesprochen mit der Zunge der Kraft und Macht
und einstens offenbart den Propheten.
Als Zeichen der Gnade für die Gerechten
haben Wir den Wesenskern daraus entnommen
und in das Gewand der Kürze gekleidet, ...[143]

Bahá'u'lláh lehrt somit ebenfalls diesen alten *Dhamma*. Ein
Vergleich der Verkündung dieses alten *Dhamma* durch den
Buddha mit den Lehren Bahá'u'lláhs, der zeigt wie ähn-
lich sie sind, findet sich im 1. Kapitel.

Der zweite Teil der Lehre des Buddha besteht aus den sozialen Lehren, die dazu bestimmt sind, eine Gesellschaft
zu errichten, in der die geistigen und ethischen Lehren
am besten verwirklicht werden können. Da die sozialen
Verhältnisse der Menschheit sich jedoch ständig ändern
und entwickeln, ändert sich dieser Aspekt der Lehren von
einem Buddha zum nachfolgenden. Es ist dieser Teil der
Lehre, der bei Gautama Buddha neu war und der sich
mit jedem kommenden Buddha schrittweise weiter entwickelt. Gautama Buddha hinterließ seinen Schülern die
Regeln des *Sangha*, den *Vinaya*, als den besten Weg für geistigen Fortschritt in jener Zeit. Heute hat Bahá'u'lláh neue
soziale Lehren gebracht und einen neuen *Vinaya*, der in
den Kapiteln 5 und 6 dargestellt ist. Bahá'u'lláh erklärt,

---

143 Bahá'u'lláh, Die Verborgenen Worte, Einleitung

dass dies jetzt der beste Weg sei, geistigen Fortschritt für den Einzelnen und Frieden in der Gesellschaft zu erreichen.

Die Buddhas sind nacheinander jeweils in einem Abstand von Hunderten oder Tausenden von Jahren in der Welt erschienen. Gautama Buddha lehrt, dass er nicht der erste Buddha auf Erden sei und auch nicht der letzte sein werde.[144] Bahá'u'lláh stimmt dieser Aussage zu. In der Tat sind Persönlichkeiten wie Zarathustra, Moses, Jesus, Mohammed und die Hindu Avatare wie Krishna sämtlich in die Welt gekommen, um Erleuchtung zu bringen. Bahá'u'lláh erklärt, dass er eine dieser Persönlichkeiten sei und sagt voraus, dass nach weiteren tausend Jahren erneut ein Buddha bzw. eine Manifestation erscheinen werde.

Gautama Buddha sagt uns, dass wir nicht versuchen sollten, irgendwelche Unterschiede zwischen den Buddhas zu machen, denn alle sind in ihrem Wesen eins. In den buddhistischen Kommentaren heißt es zum Beispiel:

Es gibt keinen Unterschied zwischen Buddhas hinsichtlich der Körperschönheit, der sittlichen Gewohnheit, Konzentration, Weisheit, Freiheit, Erkenntnis der Freiheit und Einsicht in sie, der vier Zuversichten, der zehn Kräfte eines Tathagata, der sechs besonderen Erkenntnisse, der vierzehn Erkenntnisse der Buddhas, der achtzehn Buddha-Dhammas, in einem Wort, hinsichtlich aller der

---

144 Siehe Majjhima-Nikaya, Sutta 51 (3), in der Übersetzung von Zumwinkel, Band II, S. 25.
   Vgl. auch Digha-Nikaya, 2:2 f., Sutta 14, in der Übersetzung von Neumann, S. 184

Dhammas eines Buddha, denn alle Buddhas sind sich hinsichtlich der Buddha-Dhammas ganz gleich.[145]

Bahá'u'lláh sagt genau das Gleiche:

Hütet euch, … dass ihr nicht versucht werdet, Unterschiede zwischen den Manifestationen Seiner Sache zu machen oder die Zeichen herabzusetzen, die mit ihrer Offenbarung einhergingen und diese verkündet haben. … Wer immer den geringsten Unterschied macht zwischen ihren Personen, ihren Worten, ihren Botschaften, ihren Werken und ihrer Lebensweise, hat wahrlich nicht an Gott geglaubt, hat Seine Zeichen zurückgewiesen und die Sache Seiner Boten verraten.[146]

In anderer Hinsicht gibt es indes Unterschiede zwischen den Buddhas. Die Buddhas gehören zu der Welt der Erscheinungen und sind deren Beschränkungen unterworfen. Jeder von ihnen tritt in einer bestimmten geschichtlichen Epoche auf, und ihr Erscheinen steht in Einklang mit den Erfordernissen und Verhältnissen ihrer Zeit. Jeder dieser Buddhas (oder Manifestationen, wie Bahá'u'lláh sie nennt) hat

eine ausgeprägte Individualität, eine genau vorgezeichnete Mission, eine vorherbestimmte Offenbarung und besonders bestimmte Begrenzungen. Eine jede von ihnen ist unter einem anderen Namen bekannt, durch ein anderes Attribut gekennzeichnet, mit einem bestimmtem Auftrag und einer besonderen Offenbarung betraut.[147]

---

145 Milindapanha, S. 136; die hier verwendete Übersetzung findet sich in: Im Zeichen Buddhas, Buddhistische Texte, Nr. 115, S. 99
146 Bahá'u'lláh, Ährenlese 24
147 Bahá'u'lláh, Das Buch der Gewissheit 191

Zum Beispiel gehörte es zu der Sendung des Erhabenen Buddha, die entarteten Rituale und Glaubensvorstellungen, die unter den Hindus seiner Zeit bestanden, zu läutern und zu reformieren. So schaffte er den Kult des Tieropfers, den es bis dahin gegeben hatte, ab. Er lehrte, dass jeder Mensch anstatt Rituale und Aberglauben zu praktizieren, sein tägliches Leben in religiöser Weise gestalten müsse.

Die Sendung Bahá'u'lláhs als des *Metteyya* Buddha ist anders als die des Buddha. Die Welt befindet sich jetzt in einem anderen Zustand und es sind soziale Lehren anderer Art notwendig. Ziel der Sendung Bahá'u'lláhs ist es, den religiösen Glauben der Menschen zu erneuern und die gesamte Menschheit zu vereinigen. Um dies zu verwirklichen, hat Bahá'u'lláh neue soziale Lehren für die Menschheit enthüllt, einen neuen sozialen *Dhamma*. Für Gautama Buddha war es nicht möglich, solche Lehren zu verkünden, denn die Menschen seiner Zeit wären nicht in der Lage gewesen, seine Botschaft zu verstehen, wenn er Lehren über die Welteinheit verkündet hätte. Wahrscheinlich reichte zu jener Zeit für die meisten Menschen die Vorstellung von der Welt kaum über ihr eigenes Dorf hinaus. Heute besitzen wir jedoch die Fähigkeit, solche Konzepte zu verstehen und deshalb hat der neue Buddha, Bahá'u'lláh, diese Lehren verkündet.

Das heißt nicht, dass der Buddha nicht das gleiche Wissen hatte wie Bahá'u'lláh. Alle Buddhas sind in höchstem Grade erleuchtet und haben volle Kenntnis von dem gesamten *Dhamma*. Wie der Buddha selbst feststellte, war das von ihm gelehrte Wissen nur ein geringer Teil seines gesamten Wissens. Der Buddha erklärte dies im Gleichnis von den Simsapa-Blättern:

Zu einer Zeit weilte der Erhabene bei Kosambi im Simsapa-Walde. Da nun nahm der Erhabene wenige Simsapa-Blätter in die Hand und wandte sich an die Mönche: ‚Was meint ihr, ihr Mönche: Was ist wohl mehr: die wenigen Simsapa-Blätter in meiner Hand oder die da oben im Simsapa-Walde?‘

‚Gering sind die wenigen Simsapa-Blätter in der Hand des Erhabenen, o Herr, viel mehr sind die vielen da oben im Simsapa-Walde.‘

‚Ganz ebenso, ihr Mönche, gibt es viel mehr, was ich überblickt und nicht offenbart habe, und was ich offenbart habe, ist gering.‘[148]

Der Buddha sagt weiter, dass er nur das enthüllt habe, was für die Menschen seiner Zeit von geistigem Nutzen sei. Bahá'u'lláh lehrt, dass alle Buddhas in jedem Zeitalter über das gesamte Wissen verfügen, jedoch kundig und sorgsam nur das Wissen verkünden, das den Nöten und Bedürfnissen der Menschen ihrer Zeit entspricht.

Die Wege zu Erlösung oder Befreiung (*Nibbana*)

Hauptzweck eines *Dhamma* ist es, den Menschen zu zeigen, wie sie *Nibbana* erreichen können. Die Religionen der Welt haben zwei Hauptwege zur Erlösung oder Befreiung hervorgehoben.

---

148 Samyutta-Nikaya, V:56, Lehrrede 31, in der Übersetzung von Hekker, S. 428

Der erste von ihnen ist der Glaube. Dieser Weg findet sich zum Beispiel im Christentum, wo davon ausgegangen wird, dass Erlösung durch den Glauben an Jesus Christus erlangt wird. Einige Elemente einer solchen Betrachtungsweise von *Nibbana* finden sich auch im Mahayana-Buddhismus: zum Beispiel hängt bei den Reine-Land-Sekten des japanischen Buddhismus das Erreichen von *Nibbana* vom Glauben an die Erlösungskraft des Amida Buddha ab. Der zweite Weg zu Erlösung oder Befreiung ist der durch Taten und Bemühen. Dieser Weg wird im Theravada-Buddhismus hervorgehoben.

Wie wir zuvor im 1. Kapitel gesehen haben, betonen auch die Bahá'í-Lehren, dass das persönliche Bemühen des Einzelnen wichtig ist, um die eigene Erlösung oder Befreiung zu erreichen. Tatsächlich aber werden in den Bahá'í-Schriften beide Wege als wichtig erachtet. Sowohl Glaube als auch persönliches Bemühen sind für das Erlangen von Erlösung oder Befreiung notwendig. Erforderlich ist „erstens bewusstes Wissen und zweitens gute Taten."[149] Die geistige Stufe der Menschen hängt von beidem ab: „ihrem Glauben und (ihrem) Wandel."[150]

Obgleich der Theravada-Buddhismus als eine Religion der Vernunft und der systematischen praktischen Methoden angesehen wird, gibt es in den Büchern des *Tripitaka* Hinweise darauf, dass in der frühen buddhistischen Gemeinde auch dem Glauben und der Andacht große Bedeutung beigemessen wurde, um ein religiöses Leben zu beginnen und zu entwickeln.

---

149 'Abdu'l-Bahá, in Bahá'í World Faith, S. 383
150 Bahá'u'lláh, Ährenlese 86:2

Glauben (*Saddha*, sein Herz an etwas hängen) wird häufig als der entscheidende Schritt beschrieben, wenn jemand aus dem Haus in die Hauslosigkeit geht, das heißt, wenn er das Mönchsleben wählt und sich dem *Sangha* anschließt.[151] Oft werden Einzelne so beschrieben: „Nachdem er die Lehren des Buddha gehört hatte, erlangte er den Glauben an den Tathagata."[152] Dieser Glaube führt ihn dann dazu, in die Hauslosigkeit zu gehen, dem achtfachen Pfad zu folgen und endlich *Nibbana* zu erreichen.[153] Umgekehrt verurteilt der Buddha diejenigen, die nicht „aus Glauben" hinausgehen, als „Heuchler, Gleisner, Betrüger; aufgeregte, aufgeblasene, unstete Schwätzer", usw.[154] Der Glaube wird deshalb als Wachstum bewirkender Samen aller heilsamen Zustände bezeichnet.[155] Der Brahmane Unabha wird gepriesen als jemand, von dessen Glauben es heißt, dass er „ganz fest geworden (ist). Und dawiderstellen kann sich kein Asket und kein Brahmane, kein Gott und kein Maro und kein Brahma oder irgendwer in der Welt."[156]

---

151 Majjhima-Nikaya, Sutta 21 (6); Sutta 26 (4); Sutta 29 (2); Sutta 30 (8), in der Übersetzung von Zumwinkel, Band I, S. 257, 297, 334, 343; Samyutta-Nikaya I:4, Lehrrede 22,10, in der Übersetzung von Geiger, S. 186; Udana, Kapitel 2, zweites Sutta; Kapitel 3, achtes Sutta; in der Übersetzung von Seidenstücker, S. 11 und S. 31; Sutta-Nipata 337

152 Majjhima-Nikaya, Sutta 27 (12); Sutta 38 (32); Sutta 51(13), in der Übersetzung von Zumwinkel, Band I, S. 316, 418, Band II, S. 29 (Zumwinkel übersetzt: „Wenn er das Dhamma hört, erlangt er Vertrauen in den Tathagata.")

153 siehe z.B. Majjhima-Nikaya, Sutta 51 (13-27), in der Übersetzung von Zumwinkel, Band II, S. 29 ff.

154 Anguttara-Nikaya, V:167, Rdnr. 199, übersetzt von Nyanatiloka, Band 3, S. 114

155 Sutta-Nipata 77; Samyutta-Nikaya, I:7, Lehrrede 11,10, in der Übersetzung von Geiger, S. 270

156 Samyutta-Nikaya V:4, Lehrrede 42, in der Übersetzung von Hecker, S. 328

Die buddhistischen Schriften lassen sogar darauf schließen, dass in manchen Fällen der Buddha dem Geist einiger seiner Anhänger den Glauben eingegeben hat. Roja, der Malla, hatte den Buddha getroffen, aber kein Interesse an dessen Lehren gezeigt, bis der Buddha Rojas Geist mit Liebe erfüllte und er den Glauben an den Buddha erlangte.[157] Die Auffassung, dass der Buddha durch einen als Gnade zu verstehenden Akt die Vorbedingungen für den Glauben schaffen kann, gibt es auch in den Bahá'í-Schriften in Bezug auf Bahá'u'lláh.[158]

Der Erhabene Buddha fordert jedoch einen kritischen und vernunftgemäßen Glauben (*Akaravati Saddha*), nicht einen blinden, unbegründeten Glauben (*Amulika Saddha*). Mit Entschiedenheit verurteilt er einen blinden Glauben, der allein auf Gewohnheit, Überlieferungen und den Berichten anderer beruht; vielmehr verlangt er einen Glauben, der auf eigenem Sehen und Wissen gegründet ist, auf dem Streben nach gesicherter Erkenntnis.[159]

Ein solcher kritischer Glaube beruht nach Auffassung des Buddha auf Kenntnis und Verstehen.[160] Auch in den Bahá'í-Schriften ist der Glaube kein blinder Glaube, sondern wird beschrieben als bewusster Glaube und in Verbindung gebracht mit Wissen und Verständnis.[161]

---

157 Vinaya-Pitaka, Volume IV, Mahavagga VI, S. 341

158 Siehe z.B. Bahá'u'lláh, Das Buch der Gewissheit 160; 'Abdu'l-Bahá, Beantwortete Fragen, 32. Kapitel, S. 131

159 Majjhima-Nikaya, Sutta 95 (14 -33), in der Übersetzung von Zumwinkel, Band II, S. 435 ff.

160 Samyutta-Nikaya I, Lehrrede 52, in der Übersetzung von Geiger, S. 57; Majjhima-Nikaya, Sutta 47 (4 –16) in der Übersetzung von Zumwinkel, Band I, S. 499 ff.

161 Vgl. 'Abdu'l-Bahá, in Bahá'í World Faith, S. 364

Aus moderner säkularer Sicht ist Glaube etwas, das den Menschen einschränkt und begrenzt. Die buddhistischen und die Bahá'í Schriften stimmen darin überein, dass der Glaube dies in keiner Weise tut, sondern in Wirklichkeit der Weg zur Befreiung ist:

> So wie von Vakkali es heißt,
> Dass sein Vertrauen ihn befreite, …
> In solchem Maße fass' auch du Vertrauen!
> Jenseits des Todbereiches gehst du dann, o Pingiya![162]

> Ebenso erlangte jeder, der am Kelch der Liebe teilhatte, seinen Teil am Weltmeer ewiger Gnade und an den Regenschauern unvergänglicher Barmherzigkeit; er ging in das Leben des Glaubens ein, in das himmlische, das ewige Leben.[163]

Magie, Geister und Gespenster

Viele Menschen haben Angst vor bösen Geistern und Gespenstern. Sie unternehmen große Anstrengungen, um die Einflüsse solcher Geister abzuwehren, insbesondere durch magische Zaubersprüche und Amulette. Tatsächlich wird dies für manche Menschen zum wichtigsten Teil

---

162 Sutta Nipata 1146; vergleiche auch Sutta-Nipata 184: „Durch das Vertrauen kreuzt man diese Flut, …". In einem Kommentar zu diesem Vers, in dem Werk Milindapanha, wird erklärt, dass ein Mensch mit Hilfe des Glaubens (Vertrauens) sich in den Strom begibt, um an das andere Ufer zu gelangen, und so ein Überwinder des Stromes wird (Milindapanha S. 60-61, übersetzt in: Im Zeichen Buddhas, Buddhistische Texte, Nr. 28, S. 52)

163 Bahá'u'lláh, Das Buch der Gewissheit 120

ihrer Religion. Die Bahá'í-Religion lehrt, dass wir nicht in einer derartigen Angst vor bösen Geistern leben sollten. Das Böse existiert nur als Abwesenheit des Guten. Das Gute ist sehr viel mächtiger als das Böse und vermag es zu besiegen. Die Menschen haben in sich sowohl eine höhere gute Seite als auch eine niedere böse Seite. Bei manchen Menschen gewinnt diese niedere Seite die Oberhand und bringt sie dazu, böse Taten zu begehen. Zweck der Religion ist es, die in allen Menschen vorhandene gute Seite zu entwickeln.

Häufig wird zudem etwas als Werk böser Geister angesehen, was tatsächlich lediglich ein Ergebnis der Verstandeskräfte des Menschen ist. Obgleich die Bahá'í-Schriften anerkennen, dass Geister, welche die Seelen von Verstorbenen sind, existieren, werden wir angehalten, nicht zu versuchen, mit ihnen Kontakt aufzunehmen. Wenn wir unsere Aufmerksamkeit auf derartige Dinge konzentrieren, verzögern wir unsere geistige Entwicklung. Magie und Kontakt mit Geistern und Gespenstern sind keine Wege, die zu geistiger Entwicklung und Zufriedenheit des Menschen führen. Allein das Befolgen des Pfades, den der Buddha und Bahá'u'lláh aufgezeigt haben, schützt uns vor dem Bösen und sichert unseren geistigen Fortschritt.

3. Kapitel

Die Prophezeiungen des Buddha

Für die Bahá'í erfüllt Bahá'u'lláh die Prophezeiung des Buddha, dass zu gegebener Zeit ein weiterer Buddha in der Welt erscheinen wird, der *Metteyya* (oder *Maitreya*) Buddha. Der Buddha prophezeite:

> … (es) wird ein Erhabener in der Welt erscheinen, Metteyyo geheißen, als der Heilige, Vollkommen Erwachte, der Wissens- und Wandelsbewährte, der Willkommene, der Welt Kenner, der unvergleichliche Leiter der Männerherde, der Meister der Götter und Menschen, der Erwachte, der Erhabene, gleichwie jetzt ich in der Welt erschienen bin … Zeigen wird er diese Welt, mit ihren Göttern, ihren bösen und heiligen Geistern, mit ihrer Schar von Priestern und Büßern, Göttern und Menschen, nachdem er sie selbst verstanden und durchdrungen haben wird, gleichwie jetzt ich diese Welt zeige, …[164]

> Er [der Metteyya Buddha] wird die Lehre [den Dhamma] verkünden, deren Anfang begütigt, deren Mitte begütigt, deren Ende begütigt, die sinn- und wortgetreue, er wird das vollkommen geläuterte, geklärte Asketentum darlegen, gleichwie jetzt ich die Lehre verkünde, … Er wird eine Jüngerschar von einigen Tausenden als Lenker führen, gleichwie jetzt ich eine Jüngerschar von einigen Hunderten als Lenker führe.[165]

---

164 Digha-Nikaya, 3:84 f., Sutta 26, in der Übersetzung von Neumann, S. 472 f.

165 Digha-Nikaya, 3:85, Sutta 26, in der Übersetzung von Neumann, S. 473

Diese Prophezeiung des Gautama Buddha sagt klar voraus, dass die Lehre des *Metteyya* Buddha für einen weit größeren Teil der Welt Geltung haben wird als seine eigene Lehre – dass sie mit anderen Worten eine weltweite Lehre sein wird.

In der Tat ist Bahá'u'lláhs Lehre genau das, denn die Bahá'í glauben, dass Bahá'u'lláh nicht nur die buddhistischen Prophezeiungen erfüllt. Sie erheben den Anspruch, dass er, so wie für die Buddhisten der *Metteyya* Buddha, ebenso für die Juden der erwartete Messias ist, für die Christen und Muslime die erwartete Wiederkunft Christi, für die Zoroastrier (Parsen) der Shah Bahram und für die Hindus der Kalki Avatar. Die Prophezeiung des Erhabenen Buddha, dass die Lehre des *Metteyya* Buddha sich sehr viel weiter ausbreiten würde als seine eigene, wird durch die Bahá'í-Religion bereits erfüllt, denn diese ist schon jetzt eine weltweite Religion mit Gemeinden in jedem Teil der Welt, bestehend aus allen Rassen und Nationen der Menschheit.

Was ist nun diese von dem Erhabenen Buddha vorhergesagte und nach dem Glauben der Bahá'í von Bahá'u'lláh gebrachte „Lehre, die begütigt"? Es ist die erneuerte geistige Führung, und es sind die neuen sozialen Lehren Bahá'u'lláhs, die wir im 5. Kapitel behandeln werden.

Es gibt noch eine andere Prophezeiung, die hinsichtlich des Erscheinens des *Metteyya* Buddha sehr viel präziser ist.

Sariputta fragte den Buddha:

,Der Held, der dir nachfolgen wird,
Der Buddha – wie wird er sein?

Ich will alles über ihn hören.
Dass doch der Allsehende ihn beschreiben möchte!'
Als er des Ehrwürdigen Rede hatte vernommen,
Sprach der Herr:
,Ich will's dir sagen, Sariputta,
Hör meiner Rede zu.

In diesem segensreichen Zeitalter
Gab es drei Führer:
Kakusandha, Konagamana
Und dazu der Führer Kassapa.

Jetzt bin ich der vollkommene Buddha;
Und dann wird auch Metteyya da sein,
Bevor ebendieses segensreiche Zeitalter
Das Ende seiner Jahre erreicht.

Der vollkommene Buddha, Metteyya
Sein Name, Höchster der Menschen.

… Wie wird es geschehen?
Nach meinem Verscheiden werden zuerst fünf Dinge
verschwinden.

Welche fünf?
Das Verschwinden der Fertigkeit [Nibbana zu erreichen],
das Verschwinden des richtigen Verhaltens [Unfähigkeit,
Weisheit und Einsicht zu üben und die vier sittlichen
Reinheiten einzuhalten], das Verschwinden der Gelehr-
samkeit [das Fehlen von Menschen, die dem Dhamma
folgen und das Vergessen der Pitakas und anderer Schrif-
ten], das Verschwinden der Symbole [der Verlust der äu-
ßeren Formen, der Roben und der Übungen des Mönch-
tums], das Verschwinden der Reliquien [der Dhatu] …

Dann, wenn die Lehre des Vollkommenen Buddha 5000 Jahre alt ist, werden die Reliquien, da sie keine Anbetung und Verehrung mehr genießen, dahin gehen, wo sie sie genießen können. … Dies, Sariputta, wird das Verschwinden der Reliquien genannt.'[166]

Aus dieser Textstelle ergibt sich eindeutig, dass der *Metteyya* Buddha erscheinen wird, „bevor ebendieses segensreiche Zeitalter das Ende seiner Jahre erreicht." Da der Erhabene Buddha in Indien erschien und zu Schülern sprach, die ebenfalls Hindus gewesen waren und die mit dem Hindu System der Zeitrechnung vertraut waren, dürfte der Gautama Buddha, als er sagte, „bevor ebendieses segensreiche Zeitalter das Ende seiner Jahre erreicht," von dem Hindu Kali Yuga gesprochen haben, in dessen Mitte er erschienen war. Dies Kali Yuga endete am Mittag des 1. August 1943, was dem Jahr 2486 der buddhistischen Zeitrechnung entspricht. Nach dieser Prophezeiung sollte der Buddha also bereits einige Zeit vor dem Jahr 1943 erscheinen.[167]

Es ist richtig, dass es in dieser Prophezeiung über das Verschwinden der fünf Dinge heißt, das letzte Verschwinden würde eintreten, wenn die Sendung des Buddha 5000 Jahre alt wäre. Da erst 2500 Jahre vergangen sind, könnte es so aussehen, als sei die Zeit für das Erscheinen des *Metteyya* Buddha noch nicht gekommen. Es sollte jedoch nicht vergessen werden, dass der Buddha, als er den Frauen gestattete, als Nonnen ordiniert zu werden, prophezeite, dass deswegen die zeitliche Dauer des *Dhamma* um

---

166 Anagatavamsa, übersetzt in: Im Zeichen Buddhas, Buddhistische Texte, Nr. 22, S. 46 ff.

167 Vgl. Fozdar, Buddha Maitrya-Amitabha has Appeared, S. 213 – 285, zu Einzelheiten dieser Berechnung

die Hälfte verkürzt werde. Die Zeitspanne, während der der vollständige *Dhamma* bekannt ist und *Nibbana* erreicht werden kann (die erste Zeit des Verschwindens) wird von eintausend auf fünfhundert Jahre verkürzt[168], und dies gilt in gleicher Weise für den weiteren Prozess, woraus sich insgesamt 2500 Jahre errechnen, in denen alle fünf Dinge verschwunden sein werden. Das Jahr 2500 der buddhistischen Zeitrechnung wurde im Jahr 1956 gefeiert. Dies verträgt sich sehr gut mit dem Jahr 1943 als dem letztmöglichen Zeitpunkt für das Erscheinen des *Metteyya* Buddha.[169] Die Bahá'í glauben, dass Bahá'u'lláh, der in dem Jahrhundert vor Ablauf dieser Frist erschienen ist, der *Metteyya* Buddha ist.

Das Verschwinden der fünf Dinge bezieht sich auf das langsame Verschwinden des *Dhamma* aus der Welt. Der Buddha wusste, dass dies geschehen würde, weil alles in dieser Welt vergänglich ist und sich verändert. Er beschreibt das langsame Schwinden der Wirkungskraft seiner Lehren bis schließlich sogar „die Reliquien [*Dhatu*] keine Anbetung und Verehrung mehr genießen (und) dahin gehen, wo sie sie genießen können."[170] Wenn wir die Lage der buddhistischen Welt zur Zeit des Erscheinens von Bahá'u'lláh in der Mitte des 19. Jahrhunderts betrachten, so werden wir feststellen, dass zu jener Zeit die Prophezeiung vollständig erfüllt war. Der Buddhismus war aus seinem Geburtsland Indien verschwunden; die heiligen Reliquien waren von Indien dahin gegangen, „wo sie sie

---

168 Vinaya-Pitaka, Bd. 5, Cullavagga X, S. 356
169 Weitere Beispiele dafür, dass die mit dem Leben Bahá'u'lláhs verbundenen Daten den Prophezeiungen des Buddhismus und des Hinduismus entsprechen, finden sich bei Fozdar, Buddha Maitrya-Amitabha has Appeared, S. 213 – 285
170 Anagatavamsa, übersetzt in: Im Zeichen Buddhas, Buddhistische Texte, Nr. 22, S. 48

(Anbetung und Verehrung) genießen können", nämlich nach Sri Lanka, Burma [heute Myanmar], Thailand und anderen Orten der buddhistischen Welt. Von den Schriften und dem *Dhamma* kann sogar gesagt werden, dass sie aus der buddhistischen Gemeinschaft verschwunden waren; als Colonel Olcott in der zweiten Hälfte des 19. Jahrhunderts nach Sri Lanka kam, konnte er keine Mönche finden, die Pali verstanden und die Schriften lesen konnten. Natürlich hat es seit dieser Zeit eine Erneuerung des Buddhismus gegeben, aber das war nur zu erwarten. Denn seit ein neuer Buddha, Bahá'u'lláh, in die Welt gekommen ist, scheint das Licht von neuem; und wenn die Sonne scheint, scheint sie auf alle Dinge, gleich ob diese sich ihr zuwenden oder nicht.

Es ist heute jedoch selbst in buddhistischen Ländern schwierig, die Gesetze des *Sangha*, wie sie in den buddhistischen Schriften enthalten sind, zu befolgen. Zum Beispiel schließen sich die Mönche heute nur selten dem *Sangha* auf Lebenszeit an: viele verlassen ihn und heiraten. Selbst wenn sie dem *Sangha* angehören, sind viele gezwungen, Geld bei sich zu tragen, manche sind politisch tätig, und so fort.

Gautama Buddha beschreibt den entarteten Zustand der Welt zum Zeitpunkt des Erscheinens von *Metteyya;* diese Bedingungen sind heute erfüllt:

> *So ist denn, ihr Mönche, weil man den Unbemittelten keine Mittel dargereicht hatte, die Not immer größer geworden, ... das Nehmen des nicht Gegebenen ... die Waffengewalt ... der Totschlag ... die Lüge ... das hinterrücks Ausrichten ... die Ausschweifung ... Schimpfrede und plapperndes Plaudern ... Begehrlichkeit und Gehässigkeit ... verkehrte Ansicht ... Lust an Unrecht,*

*Sucht nach Ungebühr, verkehrte Satzung … nicht Vater
und Mutter ehren, nicht Asketen und Priester ehren, vor
keinem ehrwürdigen Haupte Achtung haben, und weil
diese Dinge sich weiter ausgebildet hatten, hat bei den
Leuten dort die Lebenskraft dann abgenommen, die Rü-
stigkeit dann abgenommen, …*

*Bei (solchen) … Menschen, ihr Mönche, werden die zehn
heilsamen Werkpfade ganz und gar verschüttet sein, die
zehn unheilsamen Werkpfade außerordentlich gepflegt.
… wird der Begriff „heilsam“ überhaupt nicht bekannt
sein, geschweige denn ein heilsam Wirkender. Bei (solchen) … Menschen, ihr Mönche, werden solche, die nicht
Vater und Mutter ehren, nicht Asketen und Priester ehren, vor keinem ehrwürdigen Haupte Achtung haben,
darum gelobt und gepriesen werden. Gleichwie etwa, ihr
Mönche, heutzutage wer Vater und Mutter ehrt, Asketen und Priester ehrt, vor einem ehrwürdigen Haupte
Achtung hat, darum gelobt und gepriesen wird, …*

*… durcheinander wird das Volk sich mischen wie Ziegen
und Schafe, Hühner und Schweine, Hunde und Scha-
kale.*

*Bei (solchen) … Menschen, ihr Mönche, wird unter den
Leuten dort einer dem anderen mit heftigem Anstoß begegnen, mit heftigem Hasse, mit heftiger Bosheit, mit
heftiger Mordlust. So die Mutter dem Kinde wie das
Kind der Mutter, so der Vater dem Sohne wie der Sohn
dem Vater, so der Bruder der Schwester wie die Schwester dem Bruder …*[171]

Wie sich aus dieser Prophezeiung ergibt, wird der *Dhamma* zu dieser Zeit aus der Welt verschwunden sein.

---

171 Digha-Nikaya, 3:78 ff., Sutta 26, in der Übersetzung von Neumann,
     S. 469 ff.

Gautama Buddha stellt fest, dass der wahre *Dhamma* erst dann aus der Welt verschwunden sein wird, wenn ein falscher *Dhamma* erschienen ist, um an seine Stelle zu treten.

> *So lange aber, Kassapa, tritt ein Verschwinden der guten Lehre nicht ein, als nicht eine Fälschung der guten Lehre in der Welt aufkommt. Wann aber, Kassapa, eine Fälschung der guten Lehre in der Welt aufkommt, dann tritt ein Verschwinden der guten Lehre ein. ...*
> *Hier selbst vielmehr (unter uns) kommen die törichten Leute auf, die die gute Lehre verschwinden machen.*[172]

Bahá'u'lláh bestätigt, dass dieser unwahre, falsche *Dhamma* in der Welt gegenwärtig ist und an die Stelle des wahren *Dhamma* tritt. In den Bahá'í-Schriften wird festgestellt, dass der wahre *Dhamma* durch ein Verlangen nach materiellen Dingen verdrängt worden ist:

> *Alle Völker der Welt geben sich heute dem Eigennutz hin und bieten alles auf, ihre materiellen Interessen voranzutreiben. Sie beten sich selbst an, statt die göttliche Wirklichkeit und die Welt der Menschheit anzubeten. Mit Bedacht suchen sie ihren eigenen Vorteil und nicht das Gemeinwohl; denn sie sind Gefangene der stofflichen Welt, ohne Bewusstsein für die göttlichen Lehren, die Gaben des Königreiches und die Sonne der Wahrheit.*[173]

Diese Prophezeiungen dürften sehr genau den gegenwärtigen Zustand der Welt beschreiben mit ihrem Materialismus, ihrer Konsumsucht, ihren wahllosen

---

172 Samyutta-Nikaya, II:224, Lehrrede 13, in der Übersetzung von Geiger, S. 287
173 'Abdu'l-Bahá, Briefe und Botschaften 68:3

Geschlechtsbeziehungen, ihren Drogenproblemen und der Zunahme von Gewalt und Konflikten. Diese Probleme zerstören jede Gesellschaft und untergraben die Grundfesten aller sozialen Strukturen. Wie die Prophezeiung erkennen lässt, kann dieser Zustand nur durch das Erscheinen eines neuen Buddha behoben werden. Nur ein neuer Buddha kann den *Dhamma* wiederherstellen und den falschen *Dhamma* des Materialismus und des Egoismus ersetzen; nur ein neuer Buddha kann die neuen sozialen Lehren bringen, durch welche die sozialen Probleme der Welt gelöst werden können; nur ein neuer Buddha kann die Schwierigkeiten, die sich in der modernen Welt für die Gesetze des *Sangha* ergeben, durch das Verkünden neuer Gesetze lösen. Die Bahá'í glauben, dass Bahá'u'lláh der vom Erhabenen Buddha vorhergesagte *Metteyya* Buddha ist und dass er all diese Dinge bewirkt hat.

4. Kapitel

Das Leben Bahá'u'lláhs

Bahá'u'lláh ist der Stifter der Bahá'í-Religion. Die Bahá'í glauben, dass er ein Vollkommen Erwachter ist, dessen Sendung darin besteht, der Menschheit in unserem gegenwärtigen Zeitalter Führung zu geben. Seine Aufgabe ist vergleichbar mit der eines Arztes, der das Heilmittel für die Krankheit der Welt und die Leiden der Menschen kennt oder mit der eines Lehrers, der gekommen ist, die Menschheit in Lehren zu erziehen, die diesem Zeitalter entsprechen.

Das Leben Bahá'u'lláhs

Wie im 2. Kapitel erwähnt, kehren nach dem Glauben der Bahá'í im Leben der Vollkommen Erwachten bestimmte Typen von Persönlichkeiten wieder, und bestimmte zentrale Ereignisse und Verhaltensweisen wiederholen sich. Es ist daher nicht überraschend, dass es eine Reihe von Übereinstimmungen im Leben Bahá'u'lláhs und im Leben des Buddha gibt.

Bahá'u'lláh wurde wie Gautama Buddha in einer alten und königlichen Familie geboren. Seine Familie führte ihre Abstammung auf die ursprünglichen arischen Völker zurück, die sich im Iran und in Indien angesiedelt hatten. Von diesen Völkern stammten nach verschiedenen Traditionen auch die indischen *Avatare* wie Rama und Krishna, der Buddha und ebenso der persische Prophet Zarathustra ab.

Bahá'u'lláh wurde im Jahr 2362 der buddhistischen Zeit-rechnung (1817 A. D.) in Ṭihrán, Iran, geboren. Von allen Buddhas oder Manifestationen Gottes werden viele erstaunliche Ereignisse und Wunder berichtet. Dies gilt auch für Bahá'u'lláh. Zum Beispiel trat er einmal, als er noch ein Kind war, vor den König, um sich in einer Angelegenheit zugunsten seines Vaters einzusetzen.

Obgleich Bahá'u'lláh von jedem erdenklichen Luxus umgeben aufwuchs, zeigte er die Neigung, sich hiervon abzuwenden und ein religiöses Leben anzustreben. Als Bahá'u'lláh ein junger Mann war, entstand im Iran eine Bewegung, die von einem anderen jungen Iraner, genannt der Báb, ins Leben gerufen worden war, die Bábí-Bewegung. Diese hat in der Bahá'í Geschichte einen ganz besonderen Platz. Und zwar deshalb, weil der Báb den Menschen verkündete, dass schon bald ein neuer göttlicher Lehrer in der Welt erscheinen werde und dass alle sich hierauf vorbereiten müssten. Dies war sicherlich eine Prophezeiung, die sich auf das Kommen Bahá'u'lláhs bezog. Die Bahá'í sehen im Báb einen göttlichen Lehrer mit einer eigenen Religion und die Bábí-Bewegung als Wegbereiter der Bahá'í-Religion. Deshalb datieren die Bahá'í den Beginn ihrer Religion auf das Jahr, in dem der Báb seine Sendung verkündete, also auf das Jahr 2387 der buddhistischen Zeitrechnung (1844 A.D.).

Im Alter von 25 Jahren hörte Bahá'u'lláh von der Botschaft des Báb, die im ganzen Land Aufruhr verursachte. Bahá'u'lláh nahm die Lehren des Báb an und erhob sich, um den neuen Glauben zu unterstützen. Indem er dies tat, gab er allen Reichtum seiner Familie und seine Stellung in der Gesellschaft auf – so wie es der Buddha getan hatte. Widerstand erfuhr die neue Religion von den anerkannten Religionsführern der Zeit, welche die Anhänger des Báb verfolgten. Aufgrund dieser Verfolgungen musste auch Bahá'u'lláh sehr leiden. Schließlich wurde er in einem unterirdischen Verlies eingekerkert, dem Síyáh-Chál ("Schwarzes Loch") in Ṭihrán.

Es war im Síyáh-Chál, einem für ein solches Ereignis höchst unwahrscheinlichen Ort, wo Bahá'u'lláh seine Erleuchtung erfuhr – vergleichbar der Erleuchtung des Buddha unter dem Bo-Baum (Bodhi-Baum). Er beschreibt diese Erfahrung mit folgenden Worten:

> *In den Tagen, da Ich im Kerker in Ṭihrán lag, vergönnten Mir die schweren Ketten, die Mich wund rieben, und die üble Luft nur wenig Schlaf; dennoch hatte Ich in den seltenen Augenblicken des Schlummers ein Gefühl, wie wenn etwas vom Scheitel Meines Hauptes über Meine Brust strömte, einem mächtigen Sturzbach gleich, der sich vom Gipfel eines hohen Berges zu Tal ergießt. Jedes Glied Meines Körpers wurde so in Flammen gesetzt, und Meine Zunge sprach in solchen Augenblicken Worte, die zu hören kein Mensch hätte ertragen können.[174]*

Nach Entlassung aus der Kerkerhaft wurde Bahá'u'lláh gezwungen, in die Verbannung zu gehen. Der Buddha zog in der Zeit seiner Sendung zumeist von Ort zu Ort, während Bahá'u'lláh die Zeit seiner Sendung an verschiedenen Verbannungsorten zubrachte. An jedem Ort sammelte sich eine Schar von Gläubigen um ihn, und er lehrte sie.

Der erste Verbannungsort Bahá'u'lláhs war Baghdád, die heutige Hauptstadt des Irak. Hier erlebte er in seiner

---

174 Bahá'u'lláh, Brief an den Sohn des Wolfes, S. 35

Umgebung viel übles Verhalten von Anhängern des Báb, woraufhin er wegging und sich in die Berge von Sulaymáníyyih zurückzog.

Es ist überliefert, dass der Buddha unmittelbar nach seiner Erleuchtung um sich blickte. Als er sah, dass „die Welt in niedrigen Denkweisen und sinnlosen Anstrengungen verstrickt war, über und über bedeckt mit dem Schmutz der Leidenschaften, und er andererseits die außergewöhnliche Feinheit des *Dhamma* der Loslösung wahrnahm, war er geneigt untätig zu bleiben. Als er sich aber die Bedeutung seiner in der Vergangenheit übernommenen Verpflichtung, alle Wesen zu erleuchten, vor Augen führte, stand er dem Gedanken, den Weg zum Frieden zu verkünden, wieder positiver gegenüber."[175] In ähnlicher Weise schreibt Bahá'u'lláh, er sei, nachdem er Baghdád verlassen und sich in die Berge von Sulaymáníyyih begeben habe, geneigt gewesen, dort zu bleiben: „Zurückgezogen dachten Wir an keine Rückkehr, in Unserer Trennung lag keine Hoffnung auf Wiedervereinigung."[176] Schließlich wurde ihm jedoch bewusst, dass ohne seine Rückkehr für die Menschen keine Möglichkeit bestand, Erleuchtung zu erlangen, und dass dann alles vom Báb erduldete Leid umsonst gewesen wäre. So entschied er sich zurückzukehren:

Wenn Ich nicht erkannt hätte, dass die gesegnete Sache des Ersten Punktes [des Báb] nahe daran war, völlig zu erlöschen, und somit all das heilige Blut ... vergeblich vergossen wäre, hätte Ich Mich nie und nimmer bereit

---

175 Ashvaghosha, Buddhacarita, XIV, in Buddhist Scriptures, S. 52. Eine ähnliche Passage findet sich in Majjhima-Nikaya, Sutta 26 (19), in der Übersetzung von Zumwinkel, Band I, S. 302 f.
176 Bahá'u'lláh, Das Buch der Gewissheit 278

gefunden, wieder zum Volke des Bayán [den Anhängern
des Báb] zurückzukehren, und hätte sie der Anbetung
der von ihnen selbst geschaffenen Götzen überlassen.[177]

Diese Ereignisse haben Parallelen im Leben des Buddha. Als der Buddha in Kosambi weilte, entstand zwischen zwei Gruppen der Bhikkus, der ihn begleitenden Mönche, ein Streit. Er versuchte den Streit zu schlichten, jedoch ohne Erfolg. Angewidert und ohne dass jemand es wusste, begab er sich insgeheim in den Dschungel von Parileyya. Schließlich wurde er entdeckt und auf die Bitte seines bedeutendsten Schülers Ananda erklärte er sich bereit nach Jethawanaramaya zurückzukehren, wo die streitenden Gruppen sich trafen und sich bei ihm entschuldigten.

Nachdem Bahá'u'lláh von Sulaymáníyyih nach Baghdád zurückgekehrt war, begann er die Bábí-Gemeinde wieder aufzurichten. Viele Bábí aus dem Iran reisten nach Baghdád, um seine Lehren zu hören. Durch den wachsenden Einfluss Bahá'u'lláhs beunruhigt, kamen die Regierungen des Iran und der Türkei schließlich im Jahr 1863 überein, ihn an einen anderen Ort zu verbannen.

Als Bahá'u'lláh Baghdád verließ, versammelte er in einem außerhalb Baghdáds gelegenen Garten, welcher Riḍván-Garten genannt wurde, einige Gläubige um sich. Er verkündete ihnen, so wie es der Báb vorhergesagt hatte (und wie es der Buddha vor langer Zeit gleichfalls prophezeit hatte, siehe 3. Kapitel), dass dieses Zeitalter die Erfüllung der Prophezeiungen aller Religionen der Welt sehen werde. Er, Bahá'u'lláh, sei diese Erfüllung, der Verheißene aller Religionen.

---

177 Bahá'u'lláh, zitiert in: Gott geht vorüber, 7:45

Bahá'u'lláh begann seine Botschaft zu verkünden, anfangs nur den Anhängern des Báb, später öffentlich allen Menschen. Schon bald zählte seine Anhängerschaft nach Tausenden. Viele von ihnen reisten Tausende von Kilometern, um ihn in den weit entfernten Verbannungsorten aufzusuchen.

Eine Aussage in den Lehren Bahá'u'lláhs, die der des Buddha sehr ähnlich ist, betrifft die scharfe Verurteilung der religiösen Führer der Zeit. Der Buddha war äußerst kritisch gegenüber den Brahmanen seiner Zeit. Insbesondere prangert er diejenigen an, die sich als geistige Führer auf dem Pfad ausgeben, in Wirklichkeit aber keine Kenntnis vom Pfad haben und ein Leben führen, das dem Fortschritt auf dem geistigen Pfad in keiner Weise förderlich ist. Er vergleicht sie mit Blinden, die Blinde führen[178] und nennt sie in mancher Hinsicht schlimmer als Hunde.[179] Bahá'u'lláh ist ähnlich kritisch gegenüber den religiösen Führern seiner Zeit. Er stellt fest, dass jedes Mal, wenn einer der großen Erleuchteten, der Stifter einer Weltreligion, in der Welt erschien, es vor allem die Religionsführer waren, die ihn aus Angst um ihre eigene Position und Stellung bekämpften.

Bahá'u'lláh verurteilt

> … die Geistlichen und Gelehrten in den Tagen der Manifestation Gottes, die durch ihren Mangel an Einsicht und durch ihr Streben nach weltlicher Führerschaft versäumt haben, sich der Sache Gottes zu unterwerfen, ja

---

178 Digha-Nikaya, 1:302 f., Sutta 13, in der Übersetzung von Neumann, S. 170; Majjhima-Nikaya, Sutta 95 (13), in der Übersetzung von Zumwinkel, Band II, S. 434 f.

179 Angattura-Nikaya, V 191, Rdnr. 221 f., in der Übersetzung von Nyanatiloka, Band 3, S. 128

sich sogar geweigert haben, ihr Ohr der göttlichen Me-
lodie zu öffnen. … Auch das Volk, das … sie zu seinen
Meistern nahm, hat sich vorbehaltlos unter die Autori-
tät dieser prahlerischen, heuchlerischen Führer gebeugt,
denn es hat kein Gesicht, kein Gehör, kein Herz zu eigen,
um Wahrheit von Falschheit zu unterscheiden.

Obwohl die göttlich inspirierten Propheten, Heiligen
und Auserwählten den Menschen geboten haben, mit ei-
genen Augen zu sehen und mit eigenen Ohren zu hören,
haben sie ihren Rat hochmütig verworfen; sie sind blind
den Führern ihres Glaubens gefolgt und werden ihnen
auch weiterhin folgen. …

Es ist offenbar, dass, wann immer die Manifestationen
der Heiligkeit sich offenbarten, die Geistlichen ihrer Zeit
die Menschen daran hinderten, zum Weg der Wahrheit
zu gelangen. Dies bezeugen die Berichte aller heiligen
Schriften und himmlischen Bücher. Nicht ein Prophet
Gottes ward herabgesandt, der nicht dem unbarmherzi-
gen Hass zum Opfer gefallen wäre, der öffentlichen Ver-
dammung, der Verleugnung und Verfluchung durch die
Geistlichen Seines Tages! Wehe ihnen ob der Missetaten,
die ihre Hände einst begangen haben! Wehe ihnen wegen
dem, was sie heute tun! Welche Schleier der Herrlichkeit
sind schlimmer als diese Verkörperungen des Irrtums?
Bei der Gerechtigkeit Gottes, solche Schleier zu durch-
dringen, ist die größte aller Taten, und sie zu zerreißen,
das verdienstvollste aller Werke![180]

Zweifellos war es nicht zuletzt aufgrund Bahá'u'lláhs
erfolgreicher Gewinnung neuer Gläubiger, dass die da-
maligen Religionsführer einen so starken Neid und Hass
ihm gegenüber zeigten. In gleicher Weise war es die

---

180 Bahá'u'lláh, Das Buch der Gewissheit 175 ff.

Anziehungskraft, die der Buddha auf die Menschen ausübte, die viele der religiösen Führer und heiligen Männer seiner Zeit veranlassten, sich ihm entgegenzustellen. Wie bei Siddharta Buddha sollte jedoch die schmerzhafteste Gegnerschaft aus Bahá'u'lláhs eigener Familie kommen. Bei dem Buddha war es sein Vetter Devadatta, der aus Neid auf die von dem Erhabenen Buddha erlangte Stellung zwei der fünf Todsünden beging: Er verursachte eine Spaltung unter den Anhängern des Buddha, und er versuchte den Buddha zu töten. Bei Bahá'u'lláh war es sein Halbbruder Mírzá Yaḥyá, der ebenfalls aus Neid gleiche Handlungen beging. Obgleich er bereits eine angesehene Stellung in der Bewegung besaß, erhob er sich gegen Bahá'u'lláh und versuchte die Gemeinde zu spalten, indem er selbst den Anspruch auf Führerschaft erhob. Als er damit keinen Erfolg hatte, versuchte er, Bahá'u'lláh zu vergiften.

Trotz dieser Rückschläge fuhr Bahá'u'lláh fort, den Pfad des *Dhamma* zu lehren sowie die Wege aufzuzeigen, auf denen persönliche Erleuchtung und sozialer Fortschritt erreicht werden können. Es gelang ihm zahlreiche Anhänger zu gewinnen. Die Könige und Regierungen seiner Zeit versuchten ihn zum Schweigen zu bringen. Sie verbannten ihn von einem Ort zum anderen und inhaftierten ihn. Schließlich wurde er in das an der Mittelmeerküste gelegene 'Akká verbracht.

Es war die Absicht dieser Könige, alle Spuren der Lehre Bahá'u'lláhs auszutilgen. Stattdessen verbreiteten sich jedoch seine Lehren, und viele Pilger unternahmen lange Reisen von Tausenden von Kilometern, um nach 'Akká zu gelangen und seinen Rat zu suchen. Schließlich wurde Bahá'u'lláhs Einfluss so groß, dass der Gouverneur von 'Akká ihn nicht länger im Gefängnis festhalten konnte. Er drängte Bahá'u'lláh, die Gefängnisstadt zu verlassen und zu leben, wo es ihm zusagte. Die letzten Jahre seines Lebens verbrachte Bahá'u'lláh in einem geräumigen Landhaus außerhalb von 'Akká. Hier empfing er Hunderte von Pilgern, die ihn aufsuchten.

Als Bahá'u'lláh im Jahr 2435 buddhistischer Zeitrechnung (1892 A.D.) verschied, hinterließ er die Anweisung, dass sein ältester Sohn 'Abdu'l-Bahá von allen Bahá'í als Oberhaupt der Bahá'í-Gemeinde anzuerkennen sei. 'Abdu'l-Bahá wurde als einzige Person von Bahá'u'lláh autorisiert, die Bahá'í-Lehren auszulegen. Bahá'u'lláh gab insoweit äußerst genaue Anweisungen. Er tat dies, damit die Bahá'í-Religion nicht wie andere Religionen in Hunderte von Sekten zerfällt. Da das wichtigste Ziel der Bahá'í-Religion darin besteht, die Einheit herbeizuführen, verwendeten Bahá'u'lláh und 'Abdu'l-Bahá sehr viel Zeit und Energie darauf sicherzustellen, dass unter den Bahá'í keine Differenzen und Spaltungen entstehen, wie dies unter den Anhängern des Siddharta Buddha und aller anderen Vollkommen Erwachten der Fall gewesen ist. Sie erklärten und stifteten den sogenannten Bund. Dies ist eine Verpflichtung, die jeder Bahá'í eingeht und die besagt, dass man sich niemals durch Meinungen anderer beirren lässt, sondern immer bei der höchsten Autorität der Religion Rat sucht.

'Abdu'l-Bahá, der 1921 starb, ernannte seinerseits seinen Enkel Shoghi Effendi zum autoritativen Ausleger der heiligen Schriften der Bahá'í. Nach dessen Tod (im Jahr 1957) wurde 1963 das Universale Haus der Gerechtigkeit errichtet. Dies ist die höchste Autorität der Bahá'í-Welt und verhindert somit weiterhin, dass Differenzen und Spaltungen entstehen.

Die Bahá'í-Welt heute

Die Bahá'í-Welt hat sich stark entwickelt, besonders in den letzten 30 Jahren. Es gibt jetzt Bahá'í in jedem Land der Erde. Die Gemeindeordnung der Bahá'í wird im 5. Kapitel beschrieben. Derzeit gibt es in 182 Ländern Nationale Geistige Räte, mehr als 11.740 Örtliche Geistige Räte und über 127.000 Orte, an denen Bahá'í leben. Insgesamt gibt es mehr als fünf Millionen Bahá'í auf der Welt. Die Bahá'í sind in zahlreichen Organisationen der Vereinten Nationen aktiv. Die Internationale Bahá'í-Gemeinde hat beratenden Status beim Wirtschafts- und Sozialrat der Vereinten Nationen (ECOSOC) und beim Kinderhilfswerk (UNICEF). Sie ist Mitglied im Umweltprogramm (UNEP) und in verschiedenen anderen Kommissionen. Bahá'í nehmen regelmäßig an Konferenzen der Vereinten Nationen zu Themen wie Menschenrechte, Bildung und Erziehung, soziale Gerechtigkeit, wirtschaftliche Entwicklung und anderen Themen teil.

Wie sich den sozialen Grundsätzen der Bahá'í entnehmen lässt, gilt das Bemühen der Bahá'í der Verbesserung der Lebensbedingungen der Menschheit. Sie sind deshalb an zahlreichen und vielfältigen Projekten der sozialen und wirtschaftlichen Entwicklung beteiligt. Die Bandbreite der Projekte reicht von Dorfschulen bis hin zu Universitäten, von kleinen landwirtschaftlichen Dorfprojekten bis hin zu großen Umweltschutzprogrammen. Insgesamt rief die Bahá'í-Gemeinde innerhalb der letzten zehn Jahre mehr als 1500 Projekte ins Leben. Mehr als 600 Schulen wurden aufgebaut. Sieben Radiostationen widmen sich der Weiterbildung, der Gesundheitsvorsorge und der Förderung landwirtschaftlicher Programme.

5. KAPITEL

Der *Sangha*:
Die sozialen Lehren

Wenn – wie bereits dargelegt – die ethischen und moralischen Lehren der Bahá'í-Religion und des Buddhismus einander sehr ähnlich sind, stellen sich folgende Fragen: Was ist denn eigentlich der Unterschied? Warum eine neue Lehre? Da der Pfad des *Dhamma* ewig ist, scheint es keinen Grund zu geben, eine neue Lehre als notwendig anzusehen.

Der Buddha hat jedoch nicht allein den Pfad des *Dhamma* gelehrt, sondern auch Anweisungen gegeben, in welcher Weise die Menschen am sinnvollsten die Gesellschaft organisieren sollten, um die besten Voraussetzungen dafür zu schaffen, dass sie den Pfad des *Dhamma* verwirklichen können. Diese Anweisungen gab er in Gestalt seiner Regeln für die Organisation des *Sangha* (Versammlung oder Gemeinschaft). In einer der letzten Ansprachen an seine Jünger sagt der Buddha, die zwei großen Autoritäten, die er seinen Jüngern hinterlasse, seien die *Suttas* (die Lehre des *Dhamma)* und die Regeln *(Vinaya)* für den *Sangha*.[181]

Während der Pfad des *Dhamma*, wie der Buddha erklärt hat, ewig ist, müssen die Gesetze für die Organisation des *Sangha* geändert und angepasst werden, weil die menschliche Gesellschaft sich im Laufe der Jahrhunderte ändert und entwickelt. Der Buddha hat zwar festgestellt, dass

---

181 Digha Nikaya, 2:191 ff., Sutta 16, in der Übersetzung von Neumann, S. 289 f. Siehe auch die Übersetzung von Schumann, S. 51

seine Lehre des *Dhamma* bereits zuvor von früheren Buddhas verkündet worden ist. Welche Lehren des Buddha in den Berichten über die früheren Buddhas jedoch nicht enthalten sind, sind die sozialen Lehren für den *Sangha*. Es sind daher diese sozialen Lehren – also die Art und Weise, wie der Pfad des *Dhamma* in der Gesellschaft verwirklicht werden soll –, die nach Ansicht der Bahá'í erneuert werden müssen, sobald die gesellschaftlichen Verhältnisse sich ändern. Aus diesem Grund ist eine neue Lehre notwendig.

Der Buddha lebte vor 2.500 Jahren, und vieles hat sich seither in der Welt verändert, besonders in den letzten einhundert Jahren. Zur Zeit des Buddha waren Männer und Frauen gezwungen, viele Stunden mit harter Arbeit zuzubringen, um dem Boden ihren Lebensunterhalt abzuringen. Aus diesem Grund konnte die Gesellschaft nur verhältnismäßig wenige Menschen für die zeitaufwendigen Aufgaben freistellen, Lesen und Schreiben zu lernen, die heiligen Schriften zu studieren und sich religiösen Angelegenheiten zu widmen.

Deshalb gab der Buddha die Anweisung, einen Mönchsorden zu gründen, den *Sangha* – eine kleine Zahl von Menschen, deren Aufgabe es sein würde, die buddhistischen Texte zu studieren, ein heiliges Leben zu führen und die unwissenden Massen zu führen. Außerdem war die Welt, in welcher der Buddha lebte, ein relativ kleines überschaubares Gebiet und sollte es Jahrhunderte hindurch bleiben, so dass für den Buddha keine Notwendigkeit bestand, ins Einzelne gehende Anweisungen für die soziale Organisation und Kommunikation zu geben. Er begnügte sich im allgemeinen damit, Regeln für das Verhalten der Mönche aufzustellen.

Wir jedoch leben in einer völlig anderen Weltsituation, und Bahá'u'lláhs soziale Lehren spiegeln diese neuen Verhältnisse wider. Er stellt fest, dass alle Menschen eine Ausbildung erlangen müssen – was ohne Frage den Möglichkeiten der heutigen Welt entspricht. Wenn alle lesen und die heiligen Schriften selbst studieren können, dann wird es für alle eine Verpflichtung, dem Pfad des *Dhamma* zu folgen und Erleuchtung zu suchen. Damit hat Bahá'u'lláh die Unterscheidung zwischen Mönchen und Laien aufgehoben und im Ergebnis alle Männer zu Mönchen und alle Frauen zu Nonnen erklärt. Alle müssen den Lebensunterhalt für sich und ihre Familien verdienen, während sie zur gleichen Zeit danach streben, in ihrem persönlichen Leben dem Pfad des *Dhamma* zu folgen. Die Verantwortung liegt nunmehr bei jedem Einzelnen.

Unmittelbar vor seiner *Parinibbana* sprach der Buddha einige Abschiedsworte zu seinen Jüngern: „unermüdlich mögt ihr da kämpfen [um eure Erlösung]." Diese Worte gelten in noch stärkerem Maße für die Bahá'í, weil sie wissen, dass sie für ihren geistigen Fortschritt allein verantwortlich sind – verantwortlich, die Wahrheit zu erforschen, die Schriften zu studieren und ohne die Hilfe von Priestern oder Mönchen ihre eigene Erlösung anzustreben, indem sie dem von Bahá'u'lláh aufgezeigten Pfad folgen. Nachdem Bahá'u'lláh uns den Pfad gewiesen hat, richtet er in den Schlussworten eines seiner Werke folgende Aufforderung an uns:

Ich bezeuge, o Freunde:
Die Gunst ist erwiesen, der Sinn erfüllt,
der Beweis erbracht, das Zeugnis abgelegt.
Lasst nun sehen, was euer Mühen
auf dem Pfade der Loslösung erbringt.

So wurde die göttliche Gunst
euch und allen im Himmel und auf Erden
in vollem Maße gewährt.[182]

Bahá'u'lláh hat jedoch seine Anhänger bei ihrem Bemühen, dem *Dhamma* zu folgen, nicht völlig allein gelassen. Obgleich er feststellt, dass in diesem Zeitalter weder ein Klerus noch klösterliche Orden von Mönchen und Nonnen notwendig sind, hat er Anweisungen gegeben, Bahá'í-Gemeinden zu errichten, um die geistige Unterstützung sicherzustellen, die früher durch das Mönchstum gegeben worden ist.

Durch die moderne Technologie ist die ganze Welt in materieller Hinsicht eine Einheit geworden, und es ist heute leichter von einem Ende der Welt zum anderen zu reisen als in der Zeit des Buddha von einer Stadt in die nächste. Deshalb erachtete es Bahá'u'lláh für erforderlich, Anweisungen für die Errichtung einer Weltgemeinde zu geben – eines universalen *Sangha* –, durch die alle Menschen friedlich miteinander in Verbindung treten und sich gegenseitig unterstützen können. Somit kann gesagt werden, dass Bahá'u'lláhs Lehren aus dem ewigen Pfad des *Dhamma* zusammen mit neuen Lehren für einen universalen Sangha bestehen.

Natürlich haben viele moderne Buddhisten die Notwendigkeit erkannt, die Lehren des Buddha in einer Weise auszulegen, die mit den heutigen Verhältnissen der Welt in Einklang steht. Unglücklicherweise sind sie untereinander darüber uneins, wie die Antwort aussehen sollte. Da sie nur Menschen sind, verfügen sie nicht über die

---

182 Bahá'u'lláh, Die Verborgenen Worte, abschließende Worte

Autorität für eine neue Auslegung, die von dem gesamten *Sangha* akzeptiert wird. Nur das Erscheinen eines neuen Buddha vermag den notwendigen Veränderungen die erforderliche Autorität zu verleihen. Bahá'u'lláh erhebt diesen Anspruch. Die Bahá'í glauben, dass Bahá'u'lláh ein neuer Buddha ist, voll erleuchtet mit den Lehren für die gegenwärtige Weltsituation. Sie glauben, dass Bahá'u'lláh der *Metteyya* Buddha ist, dessen Kommen der Erhabene Buddha vorhergesagt hat.

Bahá'u'lláhs Lehren für einen universalen *Sangha* können in zwei Bereiche aufgeteilt werden: die allgemeinen sozialen Prinzipien, die befolgt werden müssen, um unter den verschiedenen Nationen, Völkern und Religionen der Welt einen Zustand des Friedens und der gegenseitigen Akzeptanz zu erreichen; und die besondere Gesellschaftsordnung, welche die Anhänger Bahá'u'lláhs nach seinen Anweisungen errichten sollen und die nach ihrem Glauben die embryonale Form des universalen *Sangha* darstellt.

Allgemeine soziale Prinzipien

Weltfrieden – Einheit der Menschheit

Bahá'u'lláh erklärt, dass der Hauptzweck seiner Religion darin besteht, die Einheit der Welt herbeizuführen. In den letzten einhundert Jahren hat sich die Menschheit durch Fortschritte in Wissenschaft und Technologie soweit entwickelt, dass sie jetzt durch moderne Reise- und Kommunikationsmittel materiell vereinigt ist. Dieses Zeitalter ist das erste in der menschlichen Geschichte, in der die Einheit der Welt möglich ist.

Natürlich hat auch der Erhabene Buddha die Bedeutung der Einheit erkannt. In der *Maha-Parinibbana-Sutta*, der letzten Ansprache des Buddha an seine Jünger, gab er ihnen folgenden Rat:

So lange als da, ihr Mönche, die Mönche häufig zusammenkommen, öftere Zusammenkünfte haben werden, ist eben ein Wachsen ... der Mönche zu erwarten und kein Schwinden. So lange als da ... die Mönche einträchtig zusammenkommen, einträchtig auseinandergehn, einträchtig die Angelegenheiten des Ordens erledigen werden, ist eben ein Wachsen ... der Mönche zu erwarten und kein Schwinden.[183]

In der Zeit des Buddha konnte sich diese Einheit nur auf ein kleines Gebiet erstrecken. Jetzt, in der Zeit des *Metteyya* Buddha, ist sie weltweit möglich, so wie es der Buddha prophezeite, als er sagte, seine eigenen Lehren würden lediglich Hunderte von Jüngern anziehen, während der *Metteyya* Buddha Tausende von Jüngern gewinnen würde. 'Abdu'l-Bahá, der Sohn Bahá'u'lláhs, erklärt dies folgendermaßen:

Obwohl in vergangenen Religionszyklen Einklang begründet wurde, war in Ermangelung der Mittel die Einheit der Menschheit unerreichbar. Die Kontinente blieben weit voneinander getrennt, ja sogar unter den Völkern ein und desselben Kontinents waren Verbindung und Austausch nahezu unmöglich. Infolgedessen waren Umgang, Verständigung und Einheit zwischen allen Völkern und Geschlechtern der Erde unerreichbar. Heute jedoch

---

183 Digha-Nikaya 2:97, Sutta 16, in der Übersetzung von Neumann, S. 234

haben sich die Kommunikationsmittel vervielfacht, und die fünf Kontinente der Erde sind im Grunde genommen zu einem Ganzen verschmolzen. Jedem Menschen fällt es heute leicht, überallhin zu reisen, mit anderen Völkern zusammenzukommen und Meinungen auszutauschen oder sich durch Veröffentlichungen mit den Lebensbedingungen, Glaubensvorstellungen und Gedanken aller Menschen vertraut zu machen. Ebenso sind alle Glieder der menschlichen Familie, ob Völker oder Regierungen, Städte oder Dörfer, in steigendem Maße voneinander abhängig geworden. Keiner kann mehr in Selbstgenügsamkeit leben, weil politische Bindungen alle Völker und Nationen vereinen, die Bande des Handels und der Industrie, der Landwirtschaft und des Bildungswesens Tag für Tag stärker werden. Folglich ist die Einheit der ganzen Menschheit heutzutage erreichbar geworden. Wahrlich, dies ist nur eines der Wunder dieses wunderbaren Zeitalters, ...[184]

Und doch ist die Welt auf der sozialen und politischen Ebene noch immer weitgehend uneins. Bahá'u'lláh erklärt, dass dieser Zustand aufhören muss. Die Menschheit muss sich in Einigkeit zusammenfinden.

Die Wohlfahrt der Menschheit, ihr Friede und ihre Sicherheit sind unerreichbar, ehe nicht ihre Einheit fest begründet ist.[185]

Ihr seid die Früchte eines Baumes und die Blätter eines Zweiges. Verkehrt miteinander in inniger Liebe und

---

184 'Abdu'l-Bahá, Briefe und Botschaften 15:6
185 Bahá'u'lláh, Ährenlese 131:2

Eintracht, in Freundschaft und Verbundenheit. ... So machtvoll ist das Licht der Einheit, dass es die ganze Erde erleuchten kann.[186]

Ein von Bahá'u'lláh unterbreiteter Vorschlag, der heute von den Bahá'í in aller Welt intensiv propagiert wird, ist die Einberufung einer Versammlung der Nationen der Welt, um über die Herbeiführung eines dauerhaften Friedens zu beraten.

Die Zeit muss kommen, da die gebieterische Notwendigkeit für die Abhaltung einer ausgedehnten, allumfassenden Versammlung der Menschen weltweit erkannt wird. Die Herrscher und Könige der Erde müssen ihr unbedingt beiwohnen, an ihren Beratungen teilnehmen und solche Mittel und Wege erörtern, die den Grund zum Größten Weltfrieden unter den Menschen legen. Ein solcher Friede erfordert es, dass die Großmächte sich um der Ruhe der Völker der Erde willen zu völliger Aussöhnung untereinander entschließen. Sollte ein König die Waffen gegen einen anderen ergreifen, so müssen sich alle vereint erheben und ihn daran hindern. Wenn dies geschieht, werden die Nationen der Welt – außer für die Wahrung der Sicherheit ihrer Reiche und die Aufrechterhaltung der inneren Ordnung in ihrem Staatsgebiet – keine Waffen mehr brauchen. Dies wird jedem Volk, jeder Regierung und Nation Frieden und Ruhe sichern.[187]

O ihr streitenden Völker und Geschlechter der Erde! Richtet euer Angesicht auf die Einheit und lasst den Glanz ihres Lichtes auf euch scheinen. Versammelt euch

---

186 Bahá'u'lláh, Ährenlese 132:3
187 Bahá'u'lláh, Ährenlese 117

und beschließt ... alles zu tilgen, was zum Streit unter euch führt.[188]

Eine weitere internationale Institution, die Bahá'u'lláh vorgeschlagen hat, ist ein internationaler Weltgerichtshof, der in allen Konflikten und Streitfällen entscheiden soll:

Seine dritte Lehre ist, dass die Religion eine mächtige Feste ist, dass sie aber Liebe hervorbringen muss, nicht Böswilligkeit und Hass. Führt sie zu Bosheit, Groll und Hass, so hat sie keinerlei Wert. Denn die Religion ist ein Heilmittel; wenn aber das Heilmittel krank macht, lässt man es besser weg.

Noch einmal zu den religiösen, rassischen, nationalen und politischen Voreingenommenheiten: Alle diese Vorurteile treffen menschliches Leben an der Wurzel. Sie alle ziehen Blutvergießen nach sich, sie zerstören die Welt. Solange diese Vorurteile bestehen, wird es beständig schreckliche Kriege geben.

Um diesen Zustand zu heilen, brauchen wir den Weltfrieden, und um ihn zustande zu bringen, muss ein höchster Gerichtshof, in welchem alle Regierungen und Völker vertreten sind, errichtet werden. Nationale wie internationale Streitfragen müssen ihm unterbreitet werden, und alle müssen die Entscheidungen dieses Gerichtshofes durchführen. Sollte eine Regierung oder ein Volk nicht gehorchen, so lasst die ganze Welt sich gegen diese Regierung oder dieses Volk erheben.[189]

---

188 Bahá'u'lláh, Ährenlese 111:1
189 'Abdu'l-Bahá, Briefe und Botschaften 202:10 f.

Das letztendliche Ziel der Bahá'í-Religion ist die Schaffung einer friedlichen Welt und einer Weltzivilisation.

Eine Weltgemeinschaft, in der alle wirtschaftlichen Schranken für immer niedergerissen werden, in der die gegenseitige Abhängigkeit von Kapital und Arbeit ausdrücklich anerkannt wird, in der das Geschrei religiösen Eifers und Streites endgültig verstummt ist, in der die Flamme des Rassenhasses ein für allemal gelöscht ist, deren einheitliches System internationalen Rechts als Ergebnis der wohlüberlegten Entscheidung der weltweit vereinigten Volksvertreter durch das sofortige, zwingende Eingreifen der vereinten Streitkräfte der Verbündeten sanktioniert wird; und schließlich: eine Weltgemeinschaft, in der der Sturm eines tollkühn-militanten Nationalismus in ein dauerhaftes Bewusstsein des Weltbürgertums verwandelt ist – so wahrlich sieht, in groben Zügen gezeichnet, die von Bahá'u'lláh vorausgeschaute Ordnung aus, eine Ordnung, die einmal als die edelste Frucht eines langsam heranreifenden Zeitalters betrachtet werden wird.[190]

Fast alle übrigen sozialen Lehren Bahá'u'lláhs können als Mittel angesehen werden, den Frieden in der Welt und die Einheit der Menschheit herbeizuführen. Diese Lehren lassen sich aufteilen in jene, die sich mit den unerwünschten Entwicklungstendenzen befassen, die es in der Welt zu beseitigen gilt, und in jene, welche die Ziele betreffen, die erreicht werden müssen, um die Errichtung des Friedens zu ermöglichen. Jedes dieser Ziele erfordert Anstrengungen sowohl des Einzelnen als auch auf nationaler und internationaler Ebene.

---

190 Shoghi Effendi, Die Weltordnung Bahá'u'lláhs, S. 66 f.

Beseitigung der extremen Unterschiede zwischen Reich und Arm

Weltfrieden wird niemals erreicht werden, so lange es extremen Reichtum und extreme Armut gibt. Die gewaltige Ungleichheit in der Verteilung des Wohlstandes ist eine der wesentlichsten Ursachen der gegenwärtigen Instabilität der Welt. Die Regierungen der Welt müssen sich mit dieser Problematik sowohl auf individueller als auch auf gesellschaftlicher Ebene befassen.

Es ist unübersehbar, dass unter den gegenwärtigen Regierungssystemen und Machtverhältnissen die Armen große Not und Elend erleiden. Gleichzeitig leben andere, Glücklichere, in Luxus und in einem Überfluss, der ihre tatsächlichen Bedürfnisse weit übersteigt.

Diese Ungleichheit bei der Verteilung und den Chancen ist eines der tiefgreifenden, zentralen Probleme der Gesellschaft. Ein Ausgleich ist unumgänglich, eine Aufteilung, die allen ermöglicht, die Annehmlichkeiten und Vorzüge des Lebens zu genießen.

Abhilfe muss durch eine gesetzliche Neuordnung der Verhältnisse erfolgen. Zudem müssen die Reichen barmherzig sein gegenüber den Armen und bereitwillig zu ihren Bedürfnissen beitragen, ohne hierzu gezwungen oder genötigt zu werden. Prägt dieses Prinzip das religiöse Leben der Menschheit, so wird die Ruhe der Welt sichergestellt sein.[191]

---

191 'Abdu'l-Bahá, The Promulgation of Universal Peace, S. 107
(Ansprache 'Abdu'l-Bahás am 7.5.1912 in Pittsburgh)

Für den Einzelnen ergibt sich daraus eine geistige Verpflichtung:

Spende Meinen Reichtum Meinen Armen,
damit du im Himmel
aus der Fülle nie verblassenden Glanzes
und den Schätzen unvergänglicher Herrlichkeit
schöpfest.[192]

Berichte dem Reichen
von des Armen Seufzer um Mitternacht,
dass Achtlosigkeit ihn nicht
auf den Pfad des Verderbens leite und er sich so
den Baum wahren Reichtums verscherzt.
Freigebigkeit und Großmut sind Meine Zeichen.
Wohl dem, der den Schmuck
Meiner Tugenden anlegt![193]

Einer der Hauptfaktoren, der die Armut in der Welt weiterbestehen lässt, ist der Umfang der Ausgaben der Regierungen für Rüstungszwecke. Einige der ärmsten Länder
der Welt geben einen erheblichen Teil ihrer finanziellen
Mittel für den Kauf von Waffen aus. Sogar die Wirtschaft
der reicheren Länder leidet als Folge dieser übermäßigen
Ausgaben für die Rüstung. Vor über einhundert Jahren
wies 'Abdu'l-Bahá auf die Torheit dieses Handelns hin:

Unter dem Vorwand des Friedens bietet man Tag und
Nacht alle Kräfte auf, um noch mehr Kriegsgerät zu-
sammenzutragen, und das unglückliche Volk muss den
größten Teil dessen, was es unter Mühe und Schweiß

---

192 Bahá'u'lláh, Die Verborgenen Worte, arabisch 57
193 Bahá'u'lláh, Die Verborgenen Worte, persisch 49

erwirbt, aufbringen, um für diese Rüstung zu bezahlen.
Wie viele haben ihre Arbeit in nutzbringenden Gewerben
aufgegeben und mühen sich Tag und Nacht, neue, immer
tödlichere Waffen herzustellen, mit denen das Blut des
Menschengeschlechts noch reichlicher als zuvor vergos-
sen werden kann.[194]

Die Bahá'í-Religion lehrt jedoch auch, dass absolute
Gleichheit, wie sie vom Kommunismus befürwortet wird,
weder erreicht werden kann noch erstrebenswert ist. Jeder
Einzelne hat einzigartige Begabungen und Fähigkeiten,
und das bedeutet, dass es in einer Gesellschaft immer Unterschiede im Wohlstand der einzelnen Menschen geben
wird. Wofür Bahá'u'lláh eintritt, ist die Beseitigung der
Extreme von Reichtum und Armut.

Beseitigung von Rassismus

Rassismus ist ein entscheidendes Hindernis für den Frieden. Er verletzt die menschliche Würde und zerstört die
Einheit einer jeden Gesellschaft, die davon betroffen ist.

Der Rassismus ist eines der verhängnisvollsten, hart-
näckigsten Übel, ein Haupthindernis für den Frieden.
Wo er herrscht, wird die Menschenwürde zu schändlich
verletzt, als dass er unter irgendeinem Vorwand gebil-
ligt werden könnte. Der Rassismus hemmt die Entfal-
tung der unbegrenzten Möglichkeiten seiner Opfer,
korrumpiert die Täter und vereitelt den menschlichen
Fortschritt. Die Einheit der Menschheit, vollzogen durch
geeignete rechtliche Maßnahmen, muss allgemein gültig

---

194 'Abdu'l-Bahá, Das Geheimnis göttlicher Kultur, S. 60

anerkannt werden, wenn dieses Problem überwunden werden soll.[195]

Beseitigung von ungezügeltem Nationalismus

Während ein vernünftiges Maß an Vaterlandsliebe für eine Gesellschaft gesund ist, führt extremer Nationalismus, der sich über die Rechte anderer Nationen hinwegzusetzen sucht, zu Konflikten und macht ein friedliches Zusammenleben unmöglich.

Der ist wirklich ein Mensch, der sich heute dem Dienst am ganzen Menschengeschlecht hingibt. Das Erhabenste Wesen spricht: Selig und glücklich ist, wer sich erhebt, dem Wohle aller Völker und Geschlechter der Erde zu dienen. An anderer Stelle hat Er verkündet: Es rühme sich nicht, wer sein Vaterland liebt, sondern wer die ganze Welt liebt. Die Erde ist nur ein Land, und alle Menschen sind seine Bürger.[196]

Der belebende Sinn des weltweiten Gesetzes Bahá'u'lláhs darf keine Befürchtungen hervorrufen. Weit davon entfernt, auf den Umsturz der bestehenden Gesellschaftsordnung abzuzielen, sucht es ihre Grundlage zu erweitern, ihre Institutionen in einer Weise umzugestalten, die mit den Bedürfnissen einer stets sich wandelnden Welt in Einklang steht. … Seine Absicht ist weder, die Flamme einer vernünftigen Vaterlandsliebe in den Herzen der Menschen zu ersticken, noch den Grundsatz nationaler

---

195 Universales Haus der Gerechtigkeit, Die Verheißung des Weltfriedens, Abschnitt 29, S. 21 f.
196 Bahá'u'lláh, Botschaften aus 'Akká 11:13

*Selbständigkeit abzuschaffen, der so wesentlich ist, wenn
die Übel übertriebener Zentralisation vermieden werden
sollen. Es übersieht weder die Verschiedenheiten der völ-
kischen Herkunft, des Klimas, der Geschichte, Sprache
und Überlieferung, des Denkens und der Gewohnheit,
die die Völker und Länder der Welt unterschiedlich gestalten, noch versucht es, sie auszumerzen. Es ruft nach
größerer Treue, stärkerem Bemühen als irgendein anderes, das je die Menschenwelt beseelt hat.[197]*

Beseitigung religiöser Konflikte

Die Religion ist in der Geschichte der Welt eine wesentliche Ursache von Konflikten und Kriegen gewesen.
Bahá'u'lláh gibt den Bahá'í den Auftrag:

*‚Verkehrt mit den Anhängern aller Religionen im Geiste
des Wohlwollens und der Brüderlichkeit.‘ Was immer die
Menschenkinder einander meiden ließ, was Zwietracht
und Spaltung unter ihnen hervorrief, ist nun durch die
Offenbarung dieser Worte ungültig und abgeschafft.[198]*

*Dass den verschiedenen Gemeinschaften der Erde und
den mannigfaltigen religiösen Glaubenssystemen niemals erlaubt sein sollte, feindselige Gefühle unter den
Menschen zu nähren, gehört an diesem Tage zum Wesen
des Gottesglaubens und Seiner Religion. Diese Grundsätze und Gesetze, diese fest begründeten, machtvollen
Systeme entspringen einer einzigen Quelle und sind
die Strahlen desselben Lichtes. Dass sie voneinander*

---

197 Shoghi Effendi, Die Weltordnung Bahá'u'lláhs, S. 67 f.
198 Bahá'u'lláh, Ährenlese 43:6

abweichen, ist den unterschiedlichen Erfordernissen der Zeitalter zuzuschreiben, in denen sie verkündet wurden.[199]

Förderung der Gleichstellung der Frau

Den Frauen kommt bei der Errichtung des universalen Friedens eine wesentliche Rolle zu. Wenn sie in der Gesellschaft eine größere Gleichstellung erlangen, wird ihre natürliche Neigung zum Frieden dazu beitragen, die Bedingungen zu schaffen, unter denen der Frieden errichtet werden kann.

Frauen und Männer (waren) von jeher gleich und werden es immer sein.[200]

Eine Lehre Bahá'u'lláhs ist ferner die Wesensgleichheit von Frauen und Männern. Die Menschenwelt hat zwei Flügel: Den einen bilden die Frauen, den anderen die Männer. Erst wenn beide Flügel gleichmäßig entwickelt sind, kann der Vogel fliegen. Bleibt ein Flügel schwächlich, so ist kein Flug möglich. Erst wenn die Frauenwelt der Männerwelt im Erwerb von Tugenden und Vollkommenheiten gleichkommt, sind Erfolg und Gedeihen so erreichbar, wie es sein soll.[201]

… Bahá'u'lláh hat als Grundsatz der Religion offenbart, dass der Frau das Recht gleicher Erziehung und alle Vorrechte des Mannes gewährt werden müssen. Das bedeutet, dass es bei der Erziehung von Mann und Frau keinen

---

199 Bahá'u'lláh, Ährenlese 132:1
200 Bahá'u'lláh, zitiert in: Frauen, Nr. 54, S. 46
201 'Abdu'l-Bahá, Briefe und Botschaften 227:18

Unterschied geben darf, damit die Frauen in Gesellschaft und Wirtschaft gleiche Fähigkeiten und Bedeutung wie der Mann erlangen. Dann wird die Welt zu Einheit und Eintracht finden. In vergangenen Zeiten war die Menschheit mangelhaft und unzulänglich, weil sie unausgewogen war. Der Krieg und seine Verheerungen haben die Welt verwüstet. Die Erziehung der Frau wird ein gewaltiger Schritt zur endgültigen Abschaffung des Krieges sein, denn die Frau wird ihren ganzen Einfluss gegen den Krieg geltend machen.[202]

Förderung der allgemeinen Erziehung

In der heutigen Welt beruhen viele Streitigkeiten und Konflikte auf Unwissenheit. Diese kann durch Erziehung überwunden werden. Erziehung muss jedoch außer Vermittlung von Wissen auch eine moralische Erziehung sein.

Der Mensch ist der höchste Talisman. Der Mangel an geeigneter Erziehung hat ihn jedoch dessen beraubt, was er seinem Wesen nach besitzt. … Betrachte den Menschen als ein Bergwerk, reich an Edelsteinen von unschätzbarem Wert. Nur die Erziehung kann bewirken, dass es seine Schätze enthüllt und die Menschheit daraus Nutzen zu ziehen vermag.[203]

Die erste und dringlichste Notwendigkeit ist die Förderung der Erziehung. Man kann sich nicht denken, dass ein Volk zu Wohlstand und Erfolg kommt, ohne dass diese ausschlaggebende, grundlegende Frage vorangetrieben

---

202 'Abdu'l-Bahá, zitiert in: Frauen, Nr. 79, S. 61
203 Bahá'u'lláh, Botschaften aus 'Akká 11:3

wird. Die Hauptursache für den Niedergang und Verfall der Völker ist Unwissenheit.[204]

Erziehung wird in den Bahá'í-Schriften in ihrem weitesten Sinne verstanden und bedeutet moralische, geistige und intellektuelle Erziehung. Die Bahá'í glauben, dass Menschen oft eher aufgrund des Fehlens einer solchen Erziehung Schwierigkeiten erleben und Leid erfahren als aufgrund von schlechtem *Kamma*.

Förderung der Kommunikation zwischen den Menschen

Streitigkeiten und Konflikte entstehen oft durch Missverständnis und mangelnde Kommunikation.

Seit Anbeginn der Zeit ergießt das Licht der Einheit seinen göttlichen Strahlenglanz auf die Welt, und das wichtigste Mittel für die Förderung dieser Einheit ist, dass die Völker der Welt sich gegenseitig in Wort und Schrift verstehen.[205]

Bahá'u'lláh schlägt die Annahme einer Weltsprache vor. Welche Sprache dies sein soll, sollte von den Nationen vereinbart werden.

Jeder muss in zwei Sprachen geschult werden: In seiner Muttersprache und in einer universellen Hilfssprache. Dies wird die Kommunikation untereinander erleichtern und die Missverständnisse beseitigen, die durch Sprachbarrieren entstanden sind.[206]

---

204 'Abdu'l-Bahá, Das Geheimnis göttlicher Kultur, S. 98
205 Bahá'u'lláh, Botschaften aus 'Akká 8:58
206 'Abdu'l-Bahá, The Promulgation of Universal Peace, S. 300

Andere Bahá'í-Lehren beziehen sich auf:

Die Bedeutung der Landwirtschaft

Viele der ärmeren Länder der Welt haben sich die Industrie-
nationen des Westens zum Vorbild genommen und sind
davon ausgegangen, dass eine Besserung des Lebensstan-
dards ihrer Bevölkerung am ehesten durch Konzentration
auf die Entwicklung ihrer Industrie erreicht werden kann.
Die Bahá'í-Sichtweise ist jedoch, dass die Landwirtschaft
die Grundlage jeder Nation ist und dass ihr daher bei der
Zuweisung von Ressourcen der Vorrang einzuräumen ist.
In einem seiner Werke nennt Bahá'u'lláh eine Reihe seiner
wichtigsten sozialen Lehren. Nachdem er vier von ihnen
aufgezählt hat, schreibt er:

> *Fünftens: Besondere Beachtung muss der Landwirt-
> schaft geschenkt werden. Obwohl sie hier an fünfter Stel-
> le erwähnt wird, hat sie ohne Zweifel den Vorrang.*[207]

In einer Stellungnahme für den Welternährungsrat führt
die Internationale Bahá'í-Gemeinde aus:

> *Dem unzureichenden Stand der Nahrungsmittelproduk-
> tion in bestimmten Teilen der Welt, insbesondere in der
> kleinbäuerlichen Landwirtschaft von Entwicklungslän-
> dern, sollte ganz grundsätzlich dadurch entgegengewirkt
> werden, dass dem Sektor der Landwirtschaft ein höheres
> soziales Ansehen zuerkannt und den Nöten und Bedürf-
> nissen der Kleinbauern mehr Beachtung geschenkt wird.
> Es sollte beachtet werden, dass in bestimmter Hinsicht*

---

207 Bahá'u'lláh, Botschaften aus 'Akká 7:23

die Landwirtschaft das Rückgrat und das Fundament der Wirtschaft darstellt, und dass dies bei der Erarbeitung von allgemeinen Rechtsordnungen und deren Umsetzung volle Berücksichtigung finden muss.[208]

Ländlichen Gebieten sollte große Bedeutung beigemessen werden. In den Bahá'í-Schriften finden sich verschiedene Vorschläge, wie ländliche Gemeinden so organisiert werden können, dass ihre finanzielle Stabilität und Unabhängigkeit gestärkt werden.

Die Übereinstimmung von Religion und Wissenschaft

Viele Menschen halten Religion und Wissenschaft für zwei sich einander bekämpfende Kräfte der menschlichen Gesellschaft. Oft wird angenommen, dass der Fortschritt der Wissenschaft zwangsläufig bedeutet, dass der Einfluss der Religion zurückgehen wird.

Wir mögen die Wissenschaft als einen Flügel und die Religion als einen anderen Flügel betrachten. Der Vogel braucht zwei Flügel, um fliegen zu können, einer allein wäre zwecklos. Jede Form von Religion, die der Wissenschaft nicht entspricht oder sich zu ihr im Gegensatz befindet, ist gleichbedeutend mit Unwissenheit, denn Unwissenheit ist der Gegensatz von Wissen.[209]

---

208 Stellungnahme der BIC Bahá'í International Community für die 11. Verwaltungssitzung des Welternährungsrates, Paris, 10.–13. Juni 1985, S. 2

209 'Abdu'l-Bahá, Ansprachen in Paris, Nr. 40, S. 102 f.

Das unabhängige Erforschen der Wirklichkeit

In vielen seiner Schriften hat Bahá'u'lláh die Notwendigkeit betont, dass jeder Mensch selbst die Wahrheit erforschen muss, insbesondere die religiöse Wahrheit, und dass er sich nicht auf die Aussagen anderer verlassen darf. Sich auf die Aussagen anderer zu verlassen, führt in der Gesellschaft zu Stillstand und Verfall, während Unabhängigkeit des Denkens zu Fortschritt und Wohlstand der Menschheit führt. Der Buddha erkannte dies, und an vielen Stellen in den buddhistischen Schriften verurteilt er diejenigen, die blind einer Lehre folgen, ohne diese selbst zu erforschen. In einer bedeutsamen Textstelle erteilt er den Rat:

> *Geht, Kalamer, nicht nach Hörensagen, nicht nach Überlieferungen, nicht nach Tagesmeinungen, nicht nach der Autorität heiliger Schriften, nicht nach bloßen Vernunftgründen und logischen Schlüssen, nicht nach erdachten Theorien und bevorzugten Meinungen, nicht nach dem Eindruck persönlicher Vorzüge, nicht nach der Autorität eines Meisters! Wenn ihr aber, Kalamer, selber erkennt: ,Diese Dinge sind unheilsam, sind verwerflich, werden von Verständigen getadelt, und, wenn ausgeführt und unternommen, führen sie zu Unheil und Leiden', dann, o Kalamer, möget ihr sie aufgeben. ... Wenn ihr aber, Kalamer, selber erkennt: ,Diese Dinge sind heilsam, sind untadelig, werden von den Verständigen gepriesen, und, wenn ausgeführt und unternommen, führen sie zu Segen und Wohl', dann, o Kalamer, möget ihr sie euch zu eigen machen.*[210]

---

210 Anguttara Nikaya, III:66, Rdnr. 190 f., übersetzt von Nyanatiloka, Band 1, S. 169 f.

In ähnlicher Weise schreibt Bahá'u'lláh über die Eigenschaften, die ein wahrer Sucher haben muss, wenn er das Ziel, Gewissheit zu erlangen, erreichen will:

O mein Bruder! Wenn ein wahrer Sucher sich entschließt, mit forschendem Schritt den Pfad zu betreten, der zur Erkenntnis des Altehrwürdigen der Tage führt, muss er vor allem sein Herz ... vom trübenden Staub allen erworbenen Wissens und von den Andeutungen der Verkörperungen satanischer Wahngebilde reinigen. Er muss seine Brust ... von jeder Befleckung läutern und seine Seele von allem heiligen, was dem Wasser und dem Lehm zugehört, von allen schattenhaften, flüchtigen Verhaftungen. Er muss sein Herz so läutern, dass kein Rest von Liebe oder Hass darin verbleibt, damit weder Liebe ihn blind zum Irrtum leite noch Hass ihn von der Wahrheit scheuche. ... Nie darf er sich über einen anderen erheben wollen, jede Spur von Stolz und Dünkel soll er von der Tafel seines Herzens waschen. Er soll in Geduld und Ergebung harren, Schweigen üben und sich eitler Rede enthalten. ...

Auch soll der Sucher üble Nachrede als schweres Vergehen betrachten ... Er soll sich mit wenigem begnügen und frei sein von allen zügellosen Wünschen. Er soll die Gesellschaft derer schätzen, die der Welt entsagt haben, und es als wertvollen Gewinn betrachten, prahlerische, weltlich gesinnte Menschen zu meiden. ... Für andere soll er nicht wünschen, was er für sich selbst nicht wünscht, und nicht versprechen, was er nicht hält.

... Wenn der losgelöste Wanderer, der aufrichtige Sucher diese Grundbedingungen erfüllt, dann und nur dann kann er ein wahrer Sucher genannt werden. ...

Erst wenn die Lampe des Suchens, des ernsten Strebens, des sehnlichen Verlangens, der leidenschaftlichen

Ergebung, der glühenden Liebe, der Verzückung und Ekstase im Herzen des Suchers entzündet ist ... wird das Dunkel des Irrtums vertrieben, werden die Nebel des Zweifels und der Ängste zerstreut, bis die Lichter der Erkenntnis und Gewissheit sein Wesen einhüllen.[211]

Die Struktur des universalen *Sangha* – Die Bahá'í-Gemeinde

Im vorhergehenden Abschnitt wurde ein Überblick über die sozialen Lehren Bahá'u'lláhs gegeben. Es sind dies jedoch nicht nur Gedanken, die Bahá'u'lláh entwickelt hat, um es dann den Bahá'í zu überlassen, sie nach besten Kräften zu verwirklichen. Er stellt auch einen Entwurf für gesellschaftliche Strukturen bereit, welche die Umsetzung dieser Prinzipien in die Praxis ermöglichen. Wie wir bereits erörtert haben, sind die heute bestehenden gesellschaftlichen Strukturen nicht länger ausreichend. Sie verhindern Fortschritt und Entwicklung der Menschheit. Die gegenwärtigen gesellschaftlichen Strukturen stärken jene Faktoren, welche die Gesellschaft spalten. Sie stärken die Kasten- und Rassenunterschiede. Sie vergrößern die Kluft zwischen Armen und Reichen. Sie führen häufig dazu, dass in den Angelegenheiten der Gemeinschaft nur die Reichsten und Einflussreichsten zu bestimmen haben.

Die Bahá'í glauben, dass Bahá'u'lláh der Menschheit Pläne gebracht hat, nach denen die Gesellschaft in einer neuen Weise organisiert werden kann. Dies wird zu einer neuen Gesellschaft führen, in der es nicht länger Extreme

---

211 Bahá'u'lláh, Das Buch der Gewissheit 213 – 216

von Armut und Reichtum geben wird und in der alle Menschen stärker an den Angelegenheiten der Gemeinschaft beteiligt sein werden. Vor allem werden die Pläne Bahá'u'lláhs zu größerer sozialer Gerechtigkeit führen. Überall in der Welt versuchen zur Zeit die Bahá'í, diese Pläne in ihren Gemeinden zu verwirklichen.

Ein wichtiger Punkt ist, dass alle Menschen nunmehr Teil des von Bahá'u'lláh begründeten universalen *Sangha* sind. Alle haben die Verantwortung zu beten und die Schriften sowie die übrigen von Bahá'u'lláh gebrachten Gesetze (siehe 6. Kapitel) zu studieren. Die Mitgliedschaft in der Bahá'í-Gemeinde steht überall allen offen. Rasse, Geschlecht, Kaste oder religiöse Herkunft spielen keine Rolle. Die Bahá'í-Gemeinde eines Gebietes besteht aus allen Erwachsenen und Jugendlichen über 15 Jahren, die aus freiem Entschluss ihren Glauben an Bahá'u'lláh bekannt haben. Zusammmen mit ihren Kindern werden sie als Bahá'í registriert. In der Bahá'í-Religion gibt es keine Kasten. Alle Bahá'í – Männer und Frauen, jung und alt – sind in der Gemeinde gleichberechtigt. Die einzigen Unterschiede bestehen darin, dass Kinder unter 15 Jahren nicht verpflichtet sind, die persönlichen Gesetze (siehe 6. Kapitel) einzuhalten, und dass diejenigen, die noch nicht 21 sind, bei Wahlen nicht wählen dürfen und nicht gewählt werden können.

Bahá'í-Institutionen

In der Bahá'í-Gemeinde gibt es keine Priester oder Führer. Keine Einzelperson besitzt allein aufgrund seiner oder ihrer Gelehrsamkeit, Heiligkeit oder Geburt Autorität. In jeder örtlichen Bahá'í-Gemeinde kommt Autorität ausschließlich gewählten Gremien zu, die Örtliche Geistige Räte genannt werden. Eine Bahá'í-Wahl wird mit geheimer Stimmabgabe durchgeführt. Es gibt keine Parteien, Kandidaten oder Wahlkampagnen. Auf der örtlichen Ebene haben alle erwachsenen Bahá'í eines Gebietes, Männer und Frauen, das Recht zu wählen und gewählt zu werden. Der Örtliche Geistige Rat besteht aus den neun Personen, welche die höchste Stimmenzahl erhalten haben.

Einmal im Jahr kommen die Bahá'í zu regionalen Tagungen zusammen, um Abgeordnete für eine nationale Tagung zu wählen, auf welcher dann ein Nationaler Geistiger Rat gewählt wird. Wiederum kennt das Wahlsystem keine Kandidaten, keine Parteien und keine Wahlkampagnen. Alle erwachsenen Bahá'í des Landes können gewählt werden.

Sowohl die Mitglieder eines Örtlichen Geistigen Rates als auch die Mitglieder des Nationalen Geistigen Rates werden jeweils für eine Amtsperiode von einem Jahr gewählt. Alle fünf Jahre kommen die Mitglieder aller Nationalen Geistigen Räte der Welt zu einer internationalen Tagung zusammen. Auf dieser wählen sie das Universale Haus der Gerechtigkeit, welches in der Bahá'í-Welt die höchste Autorität verkörpert. Jeder Bahá'í erkennt die endgültige Entscheidungsbefugnis des Universalen Hauses der Gerechtigkeit an. Durch die Existenz dieser einzigartigen einigenden Autorität wird in Verbindung mit den Bahá'í-Schriften – zu denen nur zählt, was schriftlich und in autorisierter Form vorliegt –, die Einheit der weltweiten Bahá'í-Gemeinde bewahrt.

Es sind diese gewählten Institutionen, die in der Bahá'í-Religion Autorität besitzen. Kein Einzelner, selbst wenn er in diese Institutionen gewählt worden ist, hat irgendeine persönliche Autorität.

Zusätzlich zu diesen gewählten Institutionen gibt es eine geringe Zahl von Personen, die ernannt sind, um die Bahá'í zu beraten und zu ermutigen. Diese Berater sowie deren Hilfsamt und Assistenten haben keine Autorität, die Bahá'í oder deren Gemeinden anzuweisen oder zu leiten. Zur Zeit werden sie für eine Amtsperiode von fünf Jahren ernannt.

Bahá'u'lláh hat vorgesehen, dass diese Bahá'í-Institutionen die embryonale Form einer künftigen Weltordnung sein werden, welche den Frieden in der Welt sicherstellen wird.

Neunzehntagefeste

Das Bahá'í-Jahr besteht aus neunzehn Monaten zu je neunzehn Tagen. Einmal in jedem Bahá'í-Monat – mit anderen Worten alle neunzehn Tage – kommen die Bahá'í in jeder Bahá'í-Gemeinde zum Neunzehntagefest zusammen. Das Fest besteht aus drei Teilen: der erste beinhaltet Gebet, Musik und Andacht; der zweite ist der Gemeindeordnung gewidmet, darin berichtet der Örtliche Geistige Rat der Gemeinde und die Gemeinde berät und unterbreitet dem Rat Vorschläge; der dritte besteht aus einem gemeinsamen Mahl und geselligem Beisammensein.

Beratung

Während in der Vergangenheit Entscheidungen von Einzelpersonen, die in sozialer oder hierarchischer Hinsicht höher standen, getroffen und ohne Diskussion nach unten weitergegeben wurden, hat Bahá'u'lláh eine neue, auf Beratung basierende Methode der Entscheidungsfindung eingeführt. An diesem Prozess sind alle beteiligt.

Die Schritte des Beratungsprozesses sind wie folgt:

- Die Bahá'í kommen in geistiger Atmosphäre in einer Haltung des Gebets zusammen.

- Die Tatsachen in Bezug auf die Angelegenheit, die eine Entscheidung erfordert, werden dargelegt.

- Die geistigen Grundsätze, die in der Angelegenheit von Bedeutung sind, werden herausgearbeitet und erörtert.

- Dann findet eine freimütige und offene Beratung der Angelegenheit statt, wobei darauf geachtet wird, dass alle ihre Meinung sagen können und dass niemand den Beratungsprozess dominiert.

- Eine Entscheidung wird möglichst einstimmig getroffen, anderenfalls durch Mehrheitsbeschluss.

- Die Entscheidung wird von allen in voller Einigkeit umgesetzt – mit anderen Worten, niemand lässt sich davon beeinflussen, ob er für oder gegen die Entscheidung gestimmt hat.

Die Bahá'í glauben, dass es durch einen solchen Beratungsprozess möglich ist, das gesamte in der Gemeinde vorhandene Potenzial an Wissen, Weisheit und Fähigkeiten auszuschöpfen. Es ist zwar eine neue und schwer zu erlernende Fertigkeit, doch enthält sie den Schlüssel zu einer Wandlung der Gesellschaft.

Geistige Führung und Leitung

Wir haben oben bereits festgestellt, dass es in der Bahá'í-Gemeinde keine Priester oder religiösen Führer gibt. Was aber tun die Bahá'í, wenn sie spirituelle Fragen haben oder Rat benötigen? Die Bahá'í-Lehren sagen, dass das Zeitalter, in dem wir leben, das Zeitalter ist, in dem die Menschheit ihre geistige Reife erlangt hat. Deshalb werden die Menschen zunehmend die Fähigkeit entwickeln, diese Probleme selbst zu bewältigen, anstatt sich auf andere verlassen zu müssen.

Dennoch gibt es Unterstützung in zweifacher Hinsicht. Zum einen gehört zu den sozialen Lehren Bahá'u'lláhs die allgemeine Erziehung. Alle Bahá'í sollen sich intensiv darum bemühen, Lesen und Schreiben zu lernen, damit sie die Schriften selbständig studieren können. Dadurch können sie in Verbindung mit Gebet und Meditation unmittelbar göttliche Führung erlangen. Zweitens werden die Bahá'í ermutigt alle Probleme, die sie nicht selbst bewältigen können, ihrem Örtlichen Geistigen Rat vorzulegen. Die oben beschriebene Beratungsmethode kann nicht nur für die Verwaltung der Gemeinde genutzt werden, sondern auch für geistige Führung. Auf diesem Wege kann jeder und jede Bahá'í das gesamte Wissen der Gruppe in Anspruch nehmen und nutzen und dadurch Hilfe erhalten.

Das Bahá'í-Weltzentrum

Das Weltzentrum der Bahá'í-Religion befindet sich im Gebiet von Haifa und 'Akká. Dorthin wurde Bahá'u'lláh vom Sultan der Türkei verbannt. Zu jener Zeit war das Gebiet Teil der türkischen Provinz Syrien; jetzt ist es Teil des Staates Israel. Haifa und 'Akká sind zwei Städte, die sich an einer Bucht des Mittelmeeres gegenüber liegen. Zusammen bilden sie das geistige und administrative Zentrum der Bahá'í-Religion.

In der Nähe von 'Akká befindet sich der Schrein Bahá'u'lláhs, welcher das geistige Zentrum der Bahá'í-Welt ist.

Haifa liegt am Berg Karmel. Auf halber Höhe des Berges Karmel befinden sich im Zentrum einer Reihe von eindrucksvollen Terrassen die Schreine des Báb und 'Abdu'l-Bahás. In ihrer Nähe liegen die Gebäude des administrativen Weltzentrums der Bahá'í-Religion. Zwei von ihnen, der Sitz des Universalen Hauses der Gerechtigkeit und das Internationale Archivgebäude sind bereits fertiggestellt, drei weitere sind im Bau [2001 sind auch diese Gebäude fertiggestellt worden]. Von hier aus leitet das Universale Haus der Gerechtigkeit die Tätigkeit der weltweiten Bahá'í-Gemeinde, korrespondiert mit den Nationalen Geistigen Räten und sendet Botschaften an alle Bahá'í der Welt. Die Nationalen Räte wiederum schicken Berichte über ihre Aktivitäten und bitten in schwierigen Fragen das Universale Haus der Gerechtigkeit um Rat.

Durch die Tätigkeit des Bahá'í-Weltzentrums entwickelt sich eine globale Gemeinde, in der Menschen aus allen Teilen der Welt miteinander in Verbindung treten.

6. Kapitel

Der *Vinaya*:
Gesetze, Rituale und Feste

Während vieles in der Bahá'í-Religion und im Buddhismus sehr ähnlich ist, unterscheiden sich beide in ihrer praktischen Ausübung. Jede Religion hat ihre eigenen Gesetze, Rituale und Feste. Die Bahá'í-Religion ist eine unabhängige Weltreligion. Deshalb strebt sie nicht danach, die Gesetze und Rituale einer früheren Religion in der Welt einzuführen, sondern besitzt vielmehr ihre eigenen. Insgesamt gesehen hat die Bahá'í-Religion im Vergleich zu anderen Religionen jedoch nur wenige Gesetze und Rituale. Das Fehlen von Gesetzen für das persönliche Leben, abgesehen von den wenigen nachstehend genannten, bedeutet, dass das Handeln der Bahá'í mehr durch moralische Prinzipien als durch Gesetze geleitet wird. Wie bereits früher erwähnt sagt Bahá'u'lláh, dass die Menschheit die Stufe der Reife erreicht hat. Dies bedeutet, dass wir Kindheit und Jugend hinter uns gelassen haben. Hierin liegt der Grund für die Verlagerung weg von speziellen Gesetzen hin zu allgemeinen moralischen Prinzipien: von einer erwachsen gewordenen Menschheit kann erwartet werden, dass sie die Verhaltensnormen, die frühere Buddhas in vergangenen Zeiten gelehrt haben, verinnerlicht hat.

Das weitgehende Fehlen von Ritualen in der Bahá'í-Religion hat zur Folge, dass Bahá'í wichtige Ereignisse im persönlichen Leben, wie zum Beispiel Hochzeiten, so gestalten können, wie sie es wünschen, wobei sie auch Elemente des lokalen Brauchtums einbeziehen können. Dies ist soweit zulässig, wie es nicht die Zugehörigkeit zu einer anderen Religion voraussetzt.

Bahá'í-Gesetze

Gebet, Lesen in den Schriften und Meditation

Bahá'u'lláh verpflichtet die Bahá'í, täglich zu beten. Damit sie dieser Pflicht nachkommen können, hat er ihnen drei Gebete gegeben, von denen sie eines auswählen sollen, um es täglich zu sprechen. Eines davon ist sehr kurz und zwischen Mittag und Sonnenuntergang zu sprechen; ein mittellanges muss dreimal am Tag gesprochen werden; und ein langes wird einmal am Tag zu einer beliebigen Zeit gesprochen. Das kurze Gebet lautet wie folgt:

Ich bezeuge, o mein Gott, dass Du mich erschaffen hast, Dich zu erkennen und anzubeten. Ich bezeuge in diesem Augenblick meine Ohnmacht und Deine Macht, meine Armut und Deinen Reichtum.
Es ist kein Gott außer Dir, dem Helfer in Gefahr, dem Selbstbestehenden.[212]

Es gibt zahlreiche weitere von Bahá'u'lláh und 'Abdu'l-Bahá offenbarte Gebete. Diese können jederzeit gesprochen werden, wenn jemand beten möchte.

Alle Bahá'í sollen sich bemühen, Lesen zu lernen, damit sie die heiligen Schriften selbst lesen können. Bahá'u'lláh hat den Bahá'í aufgegeben, jeden Morgen und jeden Abend einen Abschnitt aus den heiligen Schriften zu lesen. Das Lesen dieser Texte soll dazu führen, ein besseres und tieferes Verständnis von ihnen zu gewinnen. Wie Gautama Buddha im Dhammapada sagt: „Besser als tausend Reden voll nutzloser Worte ist ein einziges nützliches Wort, das

---

212 Bahá'u'lláh, Gebete und Meditationen 181

dem Hörer Frieden bringt. Besser als tausend Verse voll nutzloser Worte ist eine einzige Verszeile, die dem Hörer Frieden bringt"[213], so hat auch Bahá'u'lláh geschrieben: „So jemand einen einzigen Vers in Freude und Heiterkeit liest, ist es besser für ihn, als wenn er ermüdet alle Bücher Gottes liest, …"[214] Vermag jemand die Schriften nicht zu lesen, sollte er einige von ihnen auswendig lernen.

Sowohl die Buddhisten als auch die Bahá'í glauben an die Wirkkraft der heiligen Schrift, wenn diese rezitiert wird. Bahá'u'lláh schreibt:

> *Singe die Verse Gottes, o Mein Diener, die du empfangen hast, wie jene sie singen, die Ihm nahe sind, damit die Süße deiner Weise deine eigene Seele entflamme und die Herzen aller Menschen anziehe. Wer zurückgezogen in seiner Kammer die von Gott offenbarten Verse spricht, wird erfahren, wie die Engel des Allmächtigen den Duft der Worte, die sein Mund ausspricht, überallhin verbreiten und das Herz jedes rechtschaffenen Menschen höher schlagen lassen. Mag er sich auch zunächst dieser Wirkung nicht bewusst werden, muss doch die Kraft der ihm gewährten Gnade früher oder später ihren Einfluss auf seine Seele üben.[215]*

Jeder soll die Gebete und Schriften in der Sprache lesen und sprechen, die er oder sie am besten beherrscht. Da die Bahá'í-Religion sich über die ganze Welt verbreitet hat, sind die Bahá'í-Schriften in mehr als achthundert Sprachen übersetzt worden.

---

213 Dhammapada (1) 100 f.
214 Bahá'u'lláh, Der Kitab-i-Aqdas 149
215 Bahá'u'lláh, Ährenlese 136:2

Wenn ein Bahá'í etwas wünscht, so betet er oder sie dafür – aber das Gebet muss für etwas sein, was angebracht ist:

Gott wird das Gebet jedes Dieners beantworten, wenn das Gebet inständig ist. Seine Gnade ist weit, unbegrenzt. Er erhört die Gebete aller Seiner Diener. Er erhört das Gebet dieser Pflanze. Die Pflanze betet gemäß ihrer Natur: ‚O Gott, sende mir Regen!' Gott erhört das Gebet, und die Pflanze wächst. Gott erhört jeden. …

Aber wir bitten um Dinge, die die göttliche Weisheit nicht für uns wünscht, und dann wird unser Gebet nicht erhört. … Wir beten: ‚O Gott, mache mich reich!' Wenn dieses Gebet allgemein erhört würde, würden die menschlichen Angelegenheiten zum Stillstand kommen. Niemand wäre mehr da, auf der Straße zu arbeiten, niemand, den Boden zu pflügen, niemand zu bauen, niemand die Züge rollen zu lassen. … Die Dinge der Welt würden in Unordnung geraten, Kräfte gelähmt und Fortschritt verhindert werden. Was immer wir jedoch im Einklang mit der göttlichen Weisheit erbitten, wird Gott erhören. …

Zum Beispiel mag ein sehr schwacher Kranker den Arzt bitten, ihm eine Nahrung zu geben, die für sein Leben und für seinen Zustand bestimmt gefährlich wäre. Er mag vielleicht um einen Braten bitten. Der Arzt ist gütig und weise. Er weiß, dass dies für seinen Kranken gefährlich wäre, und darum verweigert er es ihm. Der Arzt ist barmherzig, der Kranke unwissend. Durch die Güte des Arztes wird der Kranke wieder gesund und sein Leben gerettet. Dennoch mag der Kranke jammern, dass der Arzt nicht gütig und tüchtig sei, weil er ablehnt, seine Bitte zu erfüllen.[216]

---

216 'Abdu'l-Bahá, in: Göttliche Lebenskunst, S. 35 f.

Dem Gebet und dem Lesen in den Schriften sollte eine Zeit der Meditation folgen:

Durch die Fähigkeit der Meditation erwirbt der Mensch ewiges Leben, durch sie erreicht ihn der Odem des Heiligen Geistes – die Segnung des Heiligen Geistes wird ihm durch Überlegung und Meditation gegeben.

Der Menschengeist erhält Kenntnisse und neue Kraft durch die Meditation. Durch sie werden Dinge, von denen der Mensch nichts wusste, vor seinen Augen ausgebreitet. Durch sie empfängt er göttliche Eingebung, durch sie erhält er himmlische Nahrung.

Meditation ist der Schlüssel zu den Toren der Geheimnisse. In diesem Zustand löst sich der Mensch von sich selbst; er zieht sich in diesem Zustand zurück von allen Dingen der Außenwelt. In dieser subjektiven Verfassung taucht er ein in das Meer geistigen Lebens und kann die Geheimnisse der Dinge an sich enthüllen. Um dies zu veranschaulichen, denke man sich den Menschen mit zweierlei Sehvermögen ausgestattet: Wenn die innere Sehkraft angewendet wird, sieht das äußere Auge nicht.[217]

Die Bahá'í beten und meditieren zumeist zurückgezogen in ihrer eigenen Wohnung. Sie verwenden keine Bilder oder Bildnisse. Dies mag zunächst schwer umzusetzen sein, gehört aber zur geistigen Reife der Menschheit.

---

217 'Abdu'l-Bahá, in: Über die Macht des Gebets, S. 17

Fasten

Während des Monats, der dem neuen Jahr vorangeht ('Alá', 2. – 20. März), sind alle Bahá'í angehalten zu fasten. Fasten bedeutet für die Bahá'í, dass zwischen Sonnenaufgang und Sonnenuntergang nicht gegessen und nicht getrunken werden darf. Ausgenommen vom Fasten sind: Wer krank ist oder wer sich länger als neun Stunden auf einer Reise befindet (oder zwei Stunden zu Fuß unterwegs ist); Frauen, die schwanger sind oder stillen; Kinder unter 15 Jahre und Personen über 70 Jahre.

Ehegesetze

Die Familie ist die Grundlage der Gesellschaft; entsprechend kommt der Ehe in den Bahá'í-Schriften große Bedeutung zu. Jeder Mann darf nur eine Ehefrau haben und jede Frau nur einen Ehemann. Mann und Frau müssen beide mit der Eheschließung einverstanden sein. Auch die Eltern der beiden Partner müssen zustimmen, damit die Einheit der Familie gewahrt bleibt. Die Bahá'í-Ehe wird nicht allein als körperliche Vereinigung gesehen, sondern zugleich als eine geistige, die in aller Ewigkeit Bestand haben wird. Empfängnisverhütung ist gestattet, wenn sie dazu dient, in einer Ehe die Geburt von Kindern zu planen, nicht aber wenn die Geburt von Kindern grundsätzlich verhindert werden soll. Sexuelle Betätigung ist ausschließlich in der Ehe erlaubt. Scheidung ist gestattet, wenn die Ehe unheilbar zerrüttet ist. Von ihr wird jedoch streng abgeraten, und es muss jeder Versuch unternommen werden, den Eheleuten zu helfen sich zu versöhnen. Nach einer Trennung müssen sie ein Jahr warten, bevor die Scheidung ausgesprochen wird.

Ernährungsvorschriften

Den Bahá'í ist jede Art von Nahrung erlaubt. Vegetarische Nahrung ist von 'Abdu'l-Bahá als die natürlichste Nahrung für den Menschen empfohlen worden. Er weist darauf hin, dass in Zukunft, wenn das Studium von Ernährung und Nahrung weiter fortgeschritten sein wird, alle Menschen Vegetarier sein werden.[218] Jedoch steht es jedem Bahá'í frei, Vegetarier zu sein oder nicht.

Drogen, Alkohol und Tabak

Den Bahá'í ist es verboten, irgendwelche Drogen zu nehmen, die den Verstand beeinträchtigen oder zu Abhängigkeit führen wie Opium, Heroin und Haschisch (auch *bhang*). Alkohol ist ebenfalls eine Droge, die den Verstand beeinträchtigt und zu Abhängigkeit führt, und daher verboten. Rauchen wird als schmutzige und ungesunde Gewohnheit stark missbilligt, ist aber nicht verboten.

Tod und Bestattung

Alle Bahá'í sollen ein Testament hinterlassen, damit ihre Wünsche hinsichtlich ihres Vermögens bekannt werden. In diesem Testament sollen sie darum bitten, nach dem Bahá'í-Gesetz beerdigt zu werden. Das Bahá'í-Gesetz bestimmt, dass der Leichnam nicht mehr als eine Stunde Reisezeit vom Ort des Todes entfernt bestattet werden soll. Verbrennung ist untersagt, da sie den Kreislauf der natürlichen Entstehung und Auflösung unterbricht. Eine

---

218 Siehe Esslemont, Bahá'u'lláh und das Neue Zeitalter, S. 122

Bahá'í-Beerdigung ist einfach und würdig. Es können Gebete und Texte aus den heiligen Schriften gelesen werden. Außerdem gibt es ein besonderes Totengebet, das gesprochen werden soll.

Beteiligung an der Politik

Bahá'í sollen sich nicht an Parteien oder an Parteipolitik beteiligen, nicht einmal eine Vorliebe für eine bestimmte Partei äußern. Jede derartige parteipolitische Aktivität bewirkt Trennung und widerspricht dem Bahá'í-Ziel, die Gesellschaft zu einen.

Gehorsam gegenüber der Regierung und den Gesetzen

Die Bahá'í müssen der Regierung des Landes, in dem sie leben, gehorchen und keines seiner Gesetze missachten. Hiervon gibt es nur eine Ausnahme: wenn die Regierung von einem Bahá'í verlangt, seinem Glauben abzuschwören. In einem solchen Fall muss ein Bahá'í sich weigern, dies zu tun. Aber selbst dann ist aktiver Widerstand gegen die Regierung nicht erlaubt.

Glücksspiel, Betteln und üble Nachrede

Bahá'u'lláh verbietet Glücksspiel und Betteln. Die Bahá'í sind gehalten, sich ihren Lebensunterhalt durch eine nützliche Tätigkeit wie Handel, Handwerk, Kunst oder einen akademischen Beruf zu verdienen. Über die Fehler anderer zu sprechen, wird äußerst streng missbilligt. Bahá'u'lláh betrachtet dies als einen der größten menschlichen Fehler, weil es allen schadet: dem, der etwas derartiges äußert, dem, der dies hört, und dem, der das Opfer derartiger Äußerungen ist.

Weitere Angelegenheiten

Hinsichtlich Kleidung und Namensgebung gibt es keine Bahá'í-Gesetze, die zu beachten wären. Bahá'u'lláh gibt lediglich den Rat, dass ein Bahá'í in all diesen Dingen gemäßigt sein sollte.

Der Bahá'í-Kalender

Die Bahá'í-Religion hat ihren eigenen Kalender, der 1844 beginnt. Der Kalender zählt nach Sonnenjahren und besteht aus 19 Monaten zu je 19 Tagen. Die Bahá'í-Monate sind nach verschiedenen geistigen Eigenschaften oder göttlichen Attributen benannt.

Bahá'í-Monat	Übersetzung	Beginn
Bahá	Herrlichkeit	21. März
Jalál	Ruhm	9. April
Jamál	Schönheit	28. April
'Aẓamat	Größe	17. Mai
Núr	Licht	5. Juni
Raḥmat	Barmherzigkeit	24. Juni
Kalimát	Worte	13. Juli
Kamál	Vollkommenheit	1. August
Asmá'	Namen	20. August
'Izzat	Macht	8. September

Mashíyyat	Wille	27. September
'Ilm	Wissen	16. Oktober
Qudrat	Kraft	4. November
Qawl	Sprache	23. November
Masá'il	Fragen	12. Dezember
Sharaf	Ehre	31. Dezember
Sultán	Souveränität	19. Januar
Mulk	Herrschaft	7. Februar
'Alá'	Erhabenheit	2. März

Vor dem letzten Monat des Jahres ('Alá') sind vier zusätzliche Tage eingeschoben, was die Zahl der Tage auf 365 bringt. In einem Schaltjahr werden diese zusätzlichen Tage auf fünf erhöht. Diese Tage werden Ayyam-i-Ha genannt und dienen in besonderem Maße der Gastfreundschaft und Mildtätigkeit.

Bahá'í-Feste

Die Bahá'í feiern Feste, die an bestimmte religiöse Ereignisse erinnern. Für geschichtliche Informationen zu diesen Ereignissen siehe Kapitel 4.

Naw-Rúz (Neujahrsfest)	21. März
Ridván, erster Tag	21. April
Ridván, neunter Tag	29. April
Ridván, zwölfter Tag	2. Mai
Verkündigung des Báb	23. Mai
Hinscheiden Bahá'u'lláhs	29. Mai
Märtyrertod des Báb	9. Juli
Geburtstag des Báb	20. Oktober
Geburtstag Bahá'u'lláhs	12. November

Bahá'í-Häuser der Andacht

In den meisten örtlichen Gemeinden haben die Bahá'í derzeit keine gesonderten Andachtsstätten. Sie treffen sich entweder in ihren Wohnungen oder in einem Bahá'í-Zentrum.

Es ist jedoch vorgesehen, dass in Zukunft in jeder Stadt ein Haus der Andacht (Mashriqu'l-Adhkár) errichtet wird. Dies wird das geistige Zentrum der Gemeinde sein. Rundherum werden Schulen, Bibliotheken, medizinische Einrichtungen, Waisenhäuser und ähnliches entstehen. Da die Bahá'í ihre finanziellen Mittel derzeit mehr für andere Projekte einsetzen, sind bisher weltweit erst sieben Häuser der Andacht errichtet worden. Das jüngste von ihnen ist ein wundervoller Bau in Form einer Lotusblüte in Neu Delhi, Indien.

Bahá'í-Schreine und Pilgerfahrten

Die Mehrzahl der heiligen Stätten der Bahá'í-Welt befindet sich im Bahá'í-Weltzentrum in dem Gebiet von Haifa und 'Akká sowie im Iran und Irak. Diese Stätten sind mit dem Leben der Zentralgestalten des Glaubens verbunden. Die Schreine des Báb, Bahá'u'lláhs und 'Abdu'l-Bahás sind sämtlich im Gebiet von Haifa und 'Akká gelegen. Den Bahá'í, die ohne Schwierigkeiten dazu in der Lage sind, wird empfohlen, eine Pilgerfahrt dorthin zu unternehmen. Die heiligen Stätten im Iran und Irak können jedoch wegen der Verfolgung der Bahá'í-Religion in diesen Ländern zur Zeit nicht besucht werden.

Das Bahá'í-Leben

Bahá'u'lláh sagt, dass der von ihm gebrachte neue *Dhamma* dazu bestimmt sei, das Leben der Menschheit auf diesem Planeten vollkommen zu revolutionieren. Durch die ethischen Lehren (beschrieben im 1. Kapitel), die sozialen Lehren (beschrieben im 5. Kapitel), und die Entwicklung der Bahá'í-Gemeindeordnung zu einer neuen Weltordnung wird das gesamte individuelle und soziale Leben der Menschheit vergeistigt und verwandelt werden. Diese Wandlung muss jedoch beim Einzelnen beginnen. Jeder von uns muss sein Leben nach den hohen Maßstäben ausrichten, die in den Bahá'í-Schriften enthalten sind (siehe 1. Kapitel).

Wie wird man Bahá'í?

Wenn jemand Bahá'í werden will, so sind damit keinerlei Rituale verbunden. Erforderlich ist, dass das Herz von dem Geist der Bahá'í-Religion angezogen wird; man muss den Anspruch Bahá'u'lláhs, dass er der göttliche Lehrer für dieses Zeitalter ist, anerkennen, und man muss bereit sein, nach den von Bahá'u'lláh gebrachten Gesetzen zu leben.

Leben als Bahá'í

Bahá'í zu sein hat wenig mit Ritualen zu tun. Vielmehr gehört es zum Reifeprozess der Menschheit, dass wir aufgefordert sind, zunehmend die Verantwortung für unsere eigenen Handlungen zu übernehmen.

Bahá'í sein heißt, den moralischen und ethischen Lehren Bahá'u'lláhs zu folgen (siehe 1. Kapitel) und sich zu bemühen, seine sozialen Lehren umzusetzen (siehe 5. Kapitel). Die letzteren können am besten verwirklicht werden, wenn die Bahá'í gemeinschaftlich durch ihre Institutionen tätig werden. Jeder Bahá'í ist aufgefordert, hierzu mit allen Kräften beizutragen. Die Bahá'í-Lehren rufen uns auf zum Dienst an der Menschheit. In der Tat ist Dienstbarkeit die höchste Stufe der Menschlichkeit. Arbeit, die im Geist des Dienens verrichtet wird, kommt Gebet und Andacht gleich.

Epilog

Die Bahá'í-Religion ist eine weltumspannende universale Religion. Die Bahá'í verhalten sich in jedem Land, in dem sie leben, der Regierung gegenüber loyal. Ihr Bemühen ist in erster Linie darauf gerichtet, eine friedliche Gesellschaft aufzubauen. Die Bahá'í wollen keineswegs die religiöse Überzeugung irgendeines Menschen in Zweifel ziehen.

Die Bahá'í respektieren alle Religionen, denn sie glauben, dass alle Religionen der Welt eine einzige Quelle haben und dass die großen Stifter dieser Religionen sämtlich die Erscheinung ein und derselben Wirklichkeit in dieser Welt sind. Der Erhabene Buddha wird als einer dieser großen Lehrer anerkannt und jeder, der Bahá'í wird, muss auch den Glauben an den Buddha annehmen. Die Millionen Bahá'í in der Welt, die sonst niemals an den Buddha geglaubt oder ihm Respekt entgegengebracht hätten, tun dies jetzt, weil sie Bahá'í sind.

Die weltweite Bahá'í-Gemeinde bietet denen, die sich ihr anschließen, zusätzlich zu ihren Blutsverwandten eine neue Familie. Bahá'í stammen aus allen Kulturen und aus jeder sozialen Schicht, arbeiten jedoch vereint für die Ziele des Friedens und der Einheit. In einer zunehmend komplizierter werdenden und in Wechselbeziehungen stehenden Welt, in der die Moral weitgehend in Verfall geraten ist, und in der die religiösen und weltlichen Autoritäten außerstande sind, die Probleme, denen die Menschheit sich gegenübersieht, zu lösen oder Führung und Richtung aufzuzeigen, bietet die Bahá'í-Gemeinde der Welt ein Modell, wie der Weltfrieden erreicht werden kann; dem Einzelnen gibt sie die Kraft, sich wieder neu dazu zu entscheiden, unter den Bedingungen unseres modernen Lebens ein

gottesfürchtiges und moralisches Leben zu führen, um –
in den Worten des Erhabenen Buddha – ein „Überwinder
des Stromes" zu werden.

Anhang

In einem längeren Internet-Dialog 1995 – 1997* wurde
Moojan Momen entgegen gehalten, dass seine Darstellung
des Buddhismus zwar generell in Ordnung sei, jedoch
nicht umfassend und wissenschaftlich genug. Bei Vergleichen mit den Bahá'í-Lehren habe er aus dem buddhistischen Schrifttum nur die Stellen ausgewählt, die seine
Thesen stützten und diese einseitig in seinem Sinne inter-
pretiert. Außerdem habe er die anerkannten wissenschaft-
lichen Studien über den Pali-Kanon nicht berücksichtigt.
Da auch andere Buddhisten, die dieses Buch lesen, gleiche
oder ähnliche Einwände erheben könnten, gebe ich nachstehend aus diesem Dialog einen Beitrag wieder, in dem
Moojan Momen noch einmal seine grundsätzliche Position und das Anliegen des Buches deutlich macht.

Peter Scheffel

* http://Bahai-library.com/?file=buddhism_Bahai_faith_
dialogue.html

Brief 9
8. Juni 1997

… Wenn ich die von uns geführten Diskussionen noch-
mals lese, gewinne ich den Eindruck, dass eine entscheidende Ursache von Missverständnissen in folgender
Annahme von Bruce [Bruce Burrill, ein buddhistischer

Wissenschaftler] zu finden ist: Die Aussage der Bahá'í, dass sie an die Einheit der Religion glauben, ... bedeute notwendigerweise, dass sie die Interpretation der buddhistischen Schriften durch buddhistische Wissenschaftler akzeptieren.

Betrachtet man jedoch die Methodologie von Bahá'u'lláh und 'Abdu'l-Bahá, wenn sie sich mit christlichen oder islamischen Fragen befasst haben, so wird man feststellen, dass die Bahá'í-Methodologie bedeutet, die Person des Stifters und den Text der Schriften anderer Religionen zu akzeptieren, sich aber das Recht vorzubehalten, diese in Übereinstimmung mit bestimmten hermeneutischen Prinzipien der Bahá'í-Religion zu interpretieren. Christliche und islamische Wissenschaftler sind nun nicht besonders glücklich gewesen mit den sich aufgrund dieser Methodologie ergebenden Interpretationen zu Fragen wie der Auferstehung Christi oder der Endgültigkeit der Offenbarung Mohammeds. Es sollte daher nicht überraschen, wenn buddhistische Wissenschaftler widersprechen, wenn die gleiche Vorgehensweise auf Schriften ihrer Religion angewandt wird.

Natürlich beanspruche ich nicht, dass meine Auslegungen des Buddhismus aus Bahá'í-Sicht abschließend sind, und sicher kommt ihnen nicht die Autorität zu wie den Auslegungen der christlichen und islamischen Schriften durch Bahá'u'lláh und 'Abdu'l-Bahá. Ich glaube jedoch, dass sie ein Ausgangspunkt sind, um unter Heranziehung der hermeneutischen Prinzipien von Bahá'u'lláh und 'Abdu'l-Bahá aus Bahá'í-Sicht einen Zugang zum Buddhismus zu entwickeln. ...

Moojan Momen

Literaturverzeichnis

'Abdu'l-Bahá, *Ansprachen in Paris*, Hofheim, [7]1984

- *Beantwortete Fragen*, Hofheim, [3]1977
- *Briefe und Botschaften*, Hofheim 1992
- *Das Geheimnis göttlicher Kultur*, Oberkalbach 1973
- *The Promulgation of Universal Peace*. Talks Delivered by 'Abdu'l-Bahá during His Visit to the United States and Canada in 1912. Compiled by Howard MacNutt, Wilmette, [2]1982

Anguttara-Nikaya. Die Lehrreden des Buddha aus der Angereihten Sammlung, neue Gesamtausgabe in fünf Bänden, übersetzt von Nyanatiloka, überarbeitet und herausgegeben von Nyanaponika, Braunschweig, [5]1993

Bahá'í World Faith. Selected Writings of Bahá'u'lláh and 'Abdu'l-Bahá, Wilmette, [2]1956

Bahá'u'lláh, *Ährenlese. Eine Auswahl aus den Schriften Bahá'u'lláhs*, zusammengestellt und ins Englische übertragen von Shoghi Effendi, Hofheim, 4. rev. Aufl., 1999

- *Botschaften aus 'Akká, offenbart nach dem Kitab-i-Aqdas*, Hofheim 1982
- *Brief an den Sohn des Wolfes (Lawh-i-Ibn-i-Dhi'b)*, Frankfurt 1966, unveränderterNachdruck 1988
- Das *Buch der Gewissheit. Kitáb-i-Íqán*, Hofheim, 4., völlig überarbeitete Aufl., 2000
- *Der Kitáb-i-Aqdas. Das Heiligste Buch*, übertragen aus dem Englischen unter Heranziehung des arabischen Urtextes und der persischen Erläuterungen, Hofheim 2000
- *Die Sieben Täler. Die Vier Täler*, Hofheim, [4]1997
- *Die Verborgenen Worte*, 11. rev. Aufl., veröffentlicht als: Verborgene Worte, ergänzt durch die „Worte der Weisheit" und eine Auswahl weiterer Texte Bahá'u'lláhs, Hofheim 2001

– *Gebete und Meditationen*, Hofheim, in neuer Überset-zung, [3]1992

Buddhist Scriptures. Selected and Translated by Edward Conze, London 1959

Dhammapada (1) – *Die Weisheitslehren des Buddha*, aus dem Pali ins Deutsche neu übertragen und kommentiert von Munish B. Schiekel, Freiburg [2]2002

Dhammapada (2): wörtliche metrische Übersetzung der äl-testen buddhistischen Spruchsammlung durch Nyana-tiloka Mahathera, Uttenbühl 1995

Dhammapada (3), *Der Wahrheitspfad. Dhammapadam. Ein buddhistisches Denkmal*, übersetzt von Karl Eugen Neu-mann, München, [3]1949

Dhammapada (4) – *Das Hohe Lied der Wahrheit*, übertragen von Hans Much, Freiburg 1992, (erstmals veröffent-licht 1920)

Digha-Nikaya. Die Reden des Buddha. Längere Sammlung, übersetzt von Karl Eugen Neumann, Herrnschrot, [4]1996 (Erstausgabe: 1906–1911)

Zählung nach dem siamesischen Kodex, Bangkok 1894, vgl. Neumann, Vorreden, S. XV – XVI, XXII, XXX:

Sutta 1 – 13	1 : 1 – 315	S. 1 – 180
Sutta 14 – 23	2 : 1 – 414	S. 183 – 423
Sutta 24 – 34	3 : 1 – 330	S. 427 – 621

Esslemont, John Ebenezer, *Bahá'u'lláh und das Neue Zeit-alter*, Hofheim, [8]1986

Fozdar, Jamshed K., *Buddha Maitrya-Amitabha Has Appeared*, New Delhi 1976

Frauen. Aus Bahá'í-Schriften zusammengestellt von der Forschungsabteilung des Universalen Hauses der Ge-rechtigkeit, Hofheim 1986

Gerlitz, Peter, *Die Lehren des Buddha*, Gütersloh 1996

Glasenapp, Helmuth von, *Buddha. Pfad zur Erleuchtung. Buddhistische Grundtexte*, Düsseldorf / Köln 1956

Göttliche Lebenskunst. Eine von Mabel Hyde Paine besorgte Zusammenstellung aus Schriften von Bahá'u'lláh und 'Abdu'l-Bahá, Hofheim, 3. rev. u. erw. Aufl., 1985

Im Zeichen Buddhas. Buddhistische Texte. Herausgegeben und eingeleitet von Edward Conze. Die Texte wurden neu ins Englische übersetzt von I. B. Horner, E. Conze, D. Snellgrove und A. Waley. Die Übertragung ins Deutsche besorgte Marianne Winder, Frankfurt a. M./Hamburg 1957. Die Originalausgabe erschien unter dem Titel: Buddhist Texts through the Ages, Oxford 1954, reprinted 2000

Jatakam. Das Buch der Erzählungen aus früheren Existenzen Buddhas, übersetzt von Julius Dutoit, 3. Band, Leipzig 1911

Klimkeit, Hans-Joachim, *Der Buddha: Leben und Lehre,* Stuttgart, Berlin, Köln, 1990

Lüders, Else (Übers.), *Buddhistische Märchen aus dem alten Indien (Auswahl von Jatakas),* Reinbek 1991

Liebe und Ehe. Eine Auswahl aus Schriften Bahá'u'lláhs, 'Abdu'l-Bahás, Shoghi Effendis und Briefen des Universalen Hauses der Gerechtigkeit, Hofheim 1981

Majjhima-Nikaya, Die Lehrreden des Buddha aus der Mittleren Sammlung. Neuübersetzung von Kay Zumwinkel, 3 Bände, Uttenbühl 2001

Majjhima-Nikaya (2), *Die Reden des Buddha. Mittlere Sammlung,* übersetzt von Karl Eugen Neumann, Herrnschrot, ⁵1995 (Erstausgabe: 1896 – 1902)

Majjhima-Nikaya (3), *Buddhas Reden. Majjhimanikaya. Die Lehrreden der mittleren Sammlung des buddhistischen Pali-Kanons,* übersetzt von Kurt Schmidt, Berlin 1978, (Reinbek 1961)

Mehlig, Johannes (Übers.), *Die Weisheit des alten Indien, Bd. 2: Buddhistische Texte,* Leipzig und Weimar 1987

Milindapanha. Die Fragen des Königs Milinda. Zwiegespräche zwischen einem Griechenkönig und einem buddhistischen Mönch, herausgegeben und teilweise neu übersetzt von Nyanaponika, Interlaken 1985

Momen, Moojan, *Relativism: A Basis for Bahá'í Metaphysics*, in: *Studies in the Bábí and Bahá'í Religions* (ed. M. Momen), Vol. 5, Los Angeles 1988, p. 185–217

– *Buddhism and the Bahá'í Faith*, http://Bahái-library.com/?file=momen_encyclopedia_buddhism.html

Mylius, Klaus, *Die vier edlen Wahrheiten. Texte des ursprünglichen Buddhismus*, Stuttgart 1998 (Leipzig 1983)

Murti, T.R.V., *The Central Philosophy of Buddhism, A Study of the Madhyamika System*, London 1955

Nyanatiloka, *Buddhistisches Wörterbuch. Kurzgefasstes Handbuch der buddhistischen Lehren und Begriffe*, Konstanz, ohne Jahr (nach 1953)

Oldenberg, Hermann, *Reden des Buddha. Lehre, Verse, Erzählungen*, mit einer Einführung herausgegeben von Heinz Bechert, Freiburg 1993 (Erstausgabe 1922)

Samyutta-Nikaya. Die Reden des Buddha. Gruppierte Sammlung, übersetzt von Wilhelm Geiger, Nyanaponika Mahathera und Hellmuth Hecker, Herrnschrot 1997

Schumann, Hans Wolfgang, *Buddhismus. Stifter, Schulen und Systeme*, Olten, [4]1997

Shoghi Effendi, *Gott geht vorüber*, Hofheim, 3., rev. Aufl., 2001

– *Die Weltordnung Bahá'u'lláhs*, Hofheim 1977

Sutta-Nipata. Frühbuddhistische Lehrdichtungen, übersetzt, eingeleitet und erläutert von Nyanaponika, Stammbach, [3]1996

Udana, *Das Buch der feierlichen Worte des Erhabenen*, übersetzt von Karl Seidenstücker, München-Neubiberg 1920

- *Verse zum Aufatmen.* Die Sammlung Udana und andere Strophen des Buddha und seiner erlösten Nachfolger, aus dem Palikanon übersetzt von Fritz Schäfer, Herrnschrot 1998

Über die Macht des Gebets. Eine Zusammenstellung des Universalen Hauses der Gerechtigkeit aus Schriften des Báb, Bahá'u'lláhs, 'Abdu'l-Bahás und Shoghi Effendis, Hofheim 1981

Universales Haus der Gerechtigkeit, *Die Verheißung des Weltfriedens.* Verschiedene Ausgaben. Hofheim, ²1985
- Stellungnahme der BIC Bahá'í International Community für die 11. Verwaltungssitzung des Welternährungsrates, Paris, 10. – 13. Juni 1985

Vinaya Pitaka, *The Book of the Discipline*
- Volume IV (Mahavagga), translated by I. B. Horner, London 1951
- Volume V (Cullavagga), translated by I. B. Horner, London 1952

Winternitz, M., *Der ältere Buddhismus nach Texten des Tipitaka*, Religionsgeschichtliches Lesebuch, in Verbindung mit Fachgelehrten herausgegeben von Alfred Bertholet, Heft 11, 2. erweiterte Auflage, Tübingen 1929